MINHA VIDA
DARIA UM LIVRO...
E DEU

Carlito Gini

MINHA VIDA
DARIA UM LIVRO...
E DEU

Diretor editorial
Paulo Tadeu

Capa, projeto gráfico e diagramação
Allan Martini Colombo

Foto da capa
Edson Kumasaka

Pesquisa, organização e texto
Maiá Mendonça

Revisão
Adriana Wrege
Maria A. Medeiros

CIP-BRASIL - CATALOGAÇÃO NA PUBLICAÇÃO
SINDICATO NACIONAL DOS EDITORES DE LIVROS, RJ

Gini, Carlito
Minha vida daria um livro... e deu / Carlito Gini. - 1. ed. - São Paulo: Matrix, 2018.
il.

ISBN 978-85-8230-456-3

1. Gini, Carlito - Narrativas pessoais. 2. Empresários - Brasil - Biografia. I. Título.

17-46409

CDD: 926.58
CDU: 929:658

Sumário

Dedico este livro às pessoas, coisas e lugares que marcaram minha vida e que de uma forma muito especial fizeram toda a diferença na construção do que sou hoje. É muito bom poder agradecer a todos que fizeram parte da minha trajetória:

Paulo, Diva, Fernanda, Felipe, Paulinho, Walter, Lica, Alda, Oscar, Toninho, Benjamim, Haydê, Cleó, Waldemar, Eliane, Yara, Adilson, Ademar, Adibo, Salina, Amélia, Maria Odila, Paulo Henrique, Vera Helena, Kim, Patrícia, Mucha, Piti, Salomão, Paula, Anna, Tiago, Marcelo, Carolina, Thamer, Daphne, Dudu, Giulia, Fernanda, Luciana, Leandro, Kiko, Luis Carlos, Ana Cláudia, Didi, Paula, Renata, Rita, Alan, Gregory, Douglas, Valdeci, Sodônio, Cristina, Zé, Lu, Ravioli, Henrique, Maiá, squash, tênis, Santos F.C., Roberto Carlos, Pelé, Robinho, Neymar, Baleia, Vila Belmiro, Harmonia, Dominó, Gini, Serafina, Havaianas, Mulheres Al Dente, Fiesp, Santa Terezinha, TV Record, TV Gazeta, Pinga, Duque, Ping, Sesi, Daslu, Comodoro, Venceslau, Baretto, Café Society.

Apresentação

Por que fazer um livro sobre Carlito Gini? Aliás, quem é Carlito Gini? Carlito Gini é uma pessoa comum, como qualquer outra, trabalha, pratica esporte, se diverte, é pai viúvo e tem uma história de constantes superações, pessoais e profissionais, que podem servir como exemplo para centenas de outros "simples mortais" que passam por provações todos os dias. Alguns com sucesso, outros com dificuldades; alguns com força e coragem, outros se deixando derrubar pelas adversidades e pessimismo – que não é o caso do nosso protagonista.

Conheci o Carlito quando era adolescente, no clube. E, sabe-se lá por que, eu morria de medo dele. Não sei se era o rosto muito vermelho depois do futebol de salão, a voz grossa e forte de locutor de rádio, a cara muitas vezes amarrada, um jeitão que parecia agressivo, mas a verdade é que eu tinha medo dele. E quem diria que, passadas décadas, meu celular toca e essa figura que eu não via havia séculos, surgida do nada, me diz: "Quero fazer um livro e me indicaram você". Marcamos um encontro, eu mais por curiosidade do que achando que ia rolar alguma coisa, e pensando "sobre o que será que ele quer escrever"? Fui "meio assim" com quem eu iria encontrar, e surpresa: descubro um cara simpático, divertido e com uma história de vida difícil de engolir.

Tive um terapeuta que costumava dizer que existem três ou quatro histórias no mundo, e cada pessoa acha que a dela é única. Tempos depois assisti à abertura de um curso de cinema em que o cineasta contava que muita gente comentava com ele: "Minha vida daria um filme". Ele respondia que toda vida daria um filme, mas que era preciso buscar as partes mais importantes, se permitir algumas licenças poéticas para que o roteiro ficasse interessante – é o que se faz mesmo quando se recontam fatos históricos ou a trajetória de pessoas biografáveis. No sentido psicológico, talvez existam apenas três ou quatro histórias no mundo, todas elas únicas para seus protagonistas, e possivelmente interessantes para os outros pelos diferentes jeitos como foram conduzidas; no universo do entretenimento, essas três ou quatro histórias se transformam em centenas de filmes, dependendo do ângulo que o cineasta aborda. Quantos filmes de amor, nos quais a mocinha ou o mocinho morrem, lotam os cinemas? Ou quantas fitas foram rodadas com o tema da escravidão, de guerras, revoluções, da vida de reis e rainhas, sempre com um olhar diferente e surpreendente?

Seria a história dele interessante? O curioso é que Carlito nunca tinha lido um livro. Nem *Rosinha, minha canoa*, de José Mauro de Vasconcelos, leitura obrigatória nos tempos de colégio. Anos mais tarde, o livro *Quem mexeu no meu queijo?*, escrito por Spencer Johnson, caiu em suas mãos (ele jura que leu), daí surgiu nele a vontade de escrever um livro – e também de cantar, casar, parar de fumar e fazer filantropia.

Fumar, ele para e volta. Quanto a cantar, todos os anos ele se apresenta no Show de Talentos, um evento beneficente, e arranca lágrimas da plateia. Também decidiu se arriscar num *pocket show* num bar bacana de São Paulo. O terceiro passo está dado: escrever um livro. "Por quê?", o caro leitor pode se perguntar. "Por que não?" poderia ser a resposta. Toda vida rende uma história, depende de como ela é contada.

Os pontos principais estavam eleitos. Outros surgiram no decorrer de nossas inúmeras conversas, regadas a água com gás, gelo e limão, pão de queijo e *muffin* de provolone com suco de laranja, muitas risadas e escapadelas do assunto, num café em um shopping perto da minha casa (ele é um cavalheiro), nos horários mais esdrúxulos, depois das minhas aulas de balé (não! Eu não ia de tutu), ou antes, num tempo espremido entre o final do dia de trabalho e as minhas aulas. E assim o livro foi tomando corpo, as situações foram se apresentando sem nenhum rigor cronológico, nosso biografado foi se lembrando, caindo, levantando, derramando lágrimas, sacudindo a poeira e seguindo em frente.

A ideia deste livro não é ser uma biografia nem um livro de autoajuda, mas um apanhado de situações que constroem uma vida e, por trás de cada uma delas, mostrar que existe um modo de superação que pode ser útil para aqueles que também vivem uma vida comum (no sentido mais banal da palavra).

O resultado está em suas mãos, pronto para provar para qualquer pessoa que suas histórias são únicas, dariam um livro ou um filme, que nunca é tarde para realizar sonhos. E que para tudo existe um jeito.

Maiá Mendonça

Umas palavras antes de começar

A gente sempre se acha incapaz de fazer alguma coisa diferente daquilo que sempre fez. Aí vem a vontade de mudar algo na vida. Resolvi escrever. Fico olhando para a tela do computador toda branca e continuo achando que será impossível.

Tudo começou quando pela primeira vez li um livro (isso mesmo, eu nunca havia lido nada!). Caiu em minhas mãos *Quem mexeu no meu queijo?*, um livro motivacional do dr. *Spencer Johnson*, e a partir daí comecei a pensar em mudar algumas coisas na minha vida profissional – digo na profissional, porque minha vida pessoal muda a cada mês (incrível).

Então, como devo fazer para escrever um livro pelo qual as pessoas se interessem, leiam, gostem e que seja útil para alguém? Tive algumas experiências escrevendo alguns artigos para o *Jornal da Tarde* em 1998 e me lembro de que escrever sempre me dava muito prazer. Agora, com tempo disponível, comecei a ter novamente vontade de me expressar por escrito, mas ainda me pergunto quem teria interesse em minhas experiências de vida. Espero que você tenha...

Carlito Gini

ARTIGO

MULHER SAPIÊNCIA

POR CARLITO GINI

Atrás de uma grande mulher há um grande homem. Pode parecer muito estranho falar desta maneira, mas descobri com o tempo que esta frase, já muito conhecida de todos, é justamente o inverso. Quando digo do tempo, falo da falta que hoje eu e meu filho sentimos da mulher que partiu há 9 meses. Percebi hoje que as mulheres são a mola propulsora do Universo, pois com certeza elas são infinitamente mais fortes que nós (criaturas inferiores).

Quando digo forte excluo os músculos que na maioria das vezes servem para trocar pneus de carros, ou para carregar malas em aeroporto.

Sem dúvida a força delas está na mente.

Com certeza e sem comparação elas são infinitamente mais belas, mais sensíveis, mais inteligentes e ainda geram a vida. Imagine, nós (criaturas inferiores) achamos que as conquistamos, mas na realidade elas é que elegem seus parceiros.

Portanto, você que é uma criatura inferior lembre-se antes de tomar qualquer tipo de decisão, peça sempre conselhos para um ser infinitamente superior a você: ***a mulher.***

Carlito Gini é empresário

Um dos meus artigos no antigo *Jornal da Tarde*, em 1994

– *Capítulo 1* –

Suando frio. Sexta-feira, 17h30. O ano: 1997

O telefone toca e a secretária entra na minha sala e me avisa:

– O Carlos Nascimento quer falar com você.

– Quem?

– Aquele jornalista da TV Globo, e diz que é sério.

Atendo achando que é uma brincadeira de algum amigo. Não era. Naquele momento ele iria jogar uma bomba no meu colo.

– É o sr. Carlos Gini?

– Sim, sou eu.

– O que o senhor tem a dizer sobre a acusação do CVS – Centro de Vigilância Sanitária quanto ao caso da moça de Santos, que está morrendo por ter comido um palmito Gini estragado?

Eu? Eu não sabia de nada, ninguém da família dela, da imprensa, do CVS, nenhum advogado tinha entrado em contato comigo, com meu irmão e sócio ou com alguém da empresa.

– Preciso de um tempo para me informar sobre o caso.

– A matéria está programada para ir ao ar hoje, é o principal assunto do dia.

Meu mundo caiu. Como eu iria descobrir o que estava acontecendo em pouco mais de uma hora, em plena sexta-feira, no fim do expediente?

– Capítulo 2 –

Corta! Minha história daria um livro?

Eu nasci em um dia qualquer do mês de maio, o ano não faz a menor diferença, sob o signo de Gêmeos, caçula da família Gini. Talvez eu seja a verdadeira versão astrológica do signo, já que não vim ao mundo acompanhado por um irmãozinho, mas me sinto um verdadeiro dois em um (não, eu não sou esquizofrênico!). Por que dois em um se eu não sou xampu-condicionador? (vale lembrar que naquele tempo não existia xampu infantil nem condicionador, e cabelo de criança lavava-se com sabão de coco ou com sabonete mesmo, e se entrasse no olho era aquele berreiro...). Sou o Carlos Gini, sério, trabalhador, responsável, equilibrado; e sou também o Carlito Gini, esportista, bem-humorado, sociável (tenho um milhão de amigos e amigas de todas as idades), estourado e criativo. Duas personalidades que foram se entrelaçando pela vida, uma cobrindo as falhas da outra, como fazem os irmãos gêmeos. Só que eu tenho que me virar sozinho, já que de gêmeo eu só tenho o signo.

PIRATA DO PEITO DE AÇO

Eu vim ao mundo com um problema sério na coluna, coisa de família, de que se eu não cuidasse me deixaria corcunda, já pensou? O tal do pé chato que muita criança tem até hoje e, se não cuida, pisa torto e fica com aquela horrorosa perna em "x"; era quase cego de um olho; meus dentes permanentes nasceram todos tortos e encavalados, e, para completar o quadro de pequeno monstro, sofria com asma.

Minha figura na infância não era das melhores: tinha de usar todos os dias um colete feito de um tecido bege (aquele dos sutiãs das avós) cheio de barbatanas, com uma placa de aço sobre o peito para corrigir também o peito de pomba, que tinha me esquecido de listar como um dos meus defeitos de origem; como um pirata fajuto, meus óculos tinham uma das lentes tapada com esparadrapo; nos dentes não podia faltar o aparelho, daqueles antigos, bem pesado e prateado, que deixava meus dentes mais parecidos com os do bandido do filme *007 contra o satânico dr. No*, o primeiro longa-metragem da série inglesa sobre as aventuras do espião britânico James Bond, com Sean Connery, bonitão, charmoso, cercado por lindas mulheres e que resolvia todos os casos com muito glamour. Para completar o quadro, eu calçava botinhas ortopédicas. E, do nada, começava a chiar feito um gato – e aí só a bombinha me salvava. Namoradinha no primário? Nem pensar.

Em compensação, eu era uma atração no Liceu, onde estudei, e a molecada adorava me zoar. Quem me tirava do cantinho da timidez e da rejeição era o meu lado Carlito, que, por ter a autoestima nas alturas, invertia o que poderia ser um problemão e deixava a garotada socar meu peito de aço (que carreguei por anos) até ficar com a mão doendo. E eu? Não sentia nada. Imediatamente eu virava o "indestrutível homem de aço", a meninada esquecia que eu era o esquisitão e eu me tornava a graça da escola. Eu era um super-herói, só que ao contrário. Podia fazer parte do elenco de *Monstros S.A.* (desenho animado que não era daquele tempo).

BASTIDORES *O termo* bullying *não existia na época. E a mãe ir até a escola reclamar que "meu filho está sendo perseguido" era uma tremenda saia justa. Como uma criança resolve esse problema sem correr para a mamãe? Não foi consciente, com certeza, já que eu era uma criança, mas dei o peito a soco. Literalmente. E tirava sarro de mim antes dos outros. Se ficasse no canto, me sentindo coitado, estaria perdido.*

BURRALDO E CEGUETA

Caçulinha e todo ferrado, eu era o queridinho de casa. Pelo menos da minha mãe, Diva, e do meu avô Oscar, que eram muito carinhosos, eu tenho certeza que era. Por ter um problema que só fui descobrir bem depois, minha fama era de preguiçoso e vagabundo. E não adiantava explicar que eu prestava atenção e que depois não lembrava nem entendia nada. Meu pai cansou de mandar: "Vai estudar, vagabundo". Mas dona Diva, minha santa mãezinha "mão de gato" (era como se dizia quando estava na cara que a mãe era que tinha feito o dever), acreditando que era verdade o que eu falava, fazia minha lição de casa. Podia ser mais querida?

Para entender por que eu era um fiasco na escola, minha mãe me levou a todo tipo de médico: otorrino para checar se eu era surdo, psicólogo para conferir se eu tinha alguma deficiência mental, clínico geral (para dar uma geral, como diz o nome) e ao oftalmologista (que naquele tempo se chamava oculista). Mede daqui, dali, confere o tamanho das letrinhas e veio o diagnóstico: eu só tinha 20% da visão do olho esquerdo. Defeito de fábrica. Não tinha muito que fazer. Usei um tampão nos óculos para exercitar o olho, sem nenhum sucesso. Resultado: quase não enxergo com o olho esquerdo, não tenho visão periférica. Encrenca da boa. Esse problema de visão podia ser a causa da minha desatenção, acreditavam os médicos – e minha mãe. Meu pai ainda tinha suas dúvidas...

Décadas mais tarde fui descobrir que, além de não enxergar direito, eu não era vagabundo nem burro. Minha deficiência tinha nome: Distúrbio de Déficit de Atenção – DDA, pura e simplesmente. Mesmo que eu prestasse atenção na aula, não conseguiria me lembrar do que tinha aprendido. Hoje tenho meus truques, como fotografar com o celular o andar em que estacionei para não perder o carro quando vou a um shopping e não pagar o mico de ter de chamar um daqueles seguranças de motinho para encontrar o dito-cujo para mim.

CORCUNDA, EU? NEM A PAU

Eu não queria ficar corcunda como os idosos da minha família. Sou muito vaidoso para acabar virando a piada do bairro ou o velhinho mais estranho do asilo (já basta o bullying na escola!). Foi o esporte e muita determinação (características do meu lado Carlos) que me ajudaram a deixar meus pés chatos mais simpáticos e colocar minha coluna e o peito de pomba no lugar.

Desde criança levei muito a sério os exercícios de fisioterapia que o ortopedista me passava. Naquele tempo, as casas tinham um único televisor, e a família assistia aos programas sempre junta. Todas as noites eu me sentava no chão, encostado na cadeira do meu pai, para ver televisão até a hora em que passava o desenho animado de um menino com camisola e gorrinho com uma vela na mão, personagem de uma propaganda de cobertores, que cantava “já é hora de dormir, não espere mamãe mandar, um bom sono para você e um alegre despertar”. Quando ele soprava a velinha, a criançada de todo o Brasil e eu íamos para a cama. Era nesse momento, antes de dormir, que eu fazia os exercícios que o médico mandava, descansava um pouco e voltava à carga. Foi assim que fortaleci a musculatura das minhas costas, das pernas, e fui ficando forte e ganhando uma aparência mais normal. Conforme fui crescendo, fui me despedindo dos acessórios que carregava, do risco de ficar corcunda, e do estranho garoto de aço que viveu em mim por toda a infância.

BASTIDORES *Meu avô me dava dinheiro escondido dos meus irmãos. Pelo menos era o que eu achava, porque quando o Paulo, meu irmão, descobria, ficava uma fera. Meu avô anotava numa caderneta minha dívida, que não parava de crescer, eu nunca pagava, nem ele cobrava. Será que esse era um segredo dele com cada um dos netos?*

•••

ENQUANTO ISSO... No ano em que eu nasci aconteceram algumas coisas incríveis. De um lado, Martha Rocha perdeu o título de Miss Universo por ter duas polegadas a mais nos quadris, e o país ficou revoltado, história, aliás, que parece ter sido invenção de um jornalista; do outro o presidente Getúlio Vargas, que já tinha sido ditador e depois foi eleito pelo povo, cometeu suicídio com um tiro no peito, em seu quarto no Palácio do Catete, no Rio de Janeiro, então capital do Brasil. Futilidade *versus* política. No ano seguinte a empresa japonesa Sony lançou o primeiro rádio portátil transistorizado em massa, Juscelino Kubitschek foi eleito presidente do Brasil e logo lançou seu programa de governo, com o slogan "50 anos em 5". Tecnologia e desenvolvimento. Pouco depois, Jânio Quadros, então prefeito de São Paulo, proibiu que se dançasse o rock'n'roll nas festinhas (pode absurdo maior?), e os russos lançaram em órbita o Sputnik 1, primeiro satélite fabricado pelo homem, e mais tarde mandaram a cachorrinha Laika para o espaço, literalmente (hoje seria politicamente incorretíssimo). Caretice de um lado, curiosidade do outro: haveria vida no espaço? No mesmo ano, na rasteira do livro *On the road – pé na estrada,* de Jack Kerouac, surgiu nos Estados Unidos o movimento beatnik. Novo comportamento surgindo no horizonte? E, em 1958, para minha felicidade de menino que não entendia nada, o Brasil conquistou seu primeiro caneco, vencendo a Suécia por 5 a 2, sagrando-se, pela primeira vez, campeão do mundo. Como nem todo mundo tinha televisão, os jogos não eram televisionados ao vivo, os brasileiros acompanharam todos os lances emocionantes no recém-lançado radinho de pilha, o melhor amigo dos amantes do futebol. Talvez tenha sido a euforia dessa vitória que me levou a gostar tanto de futebol...

– *Capítulo 3* –

Berço esplêndido

Minha família era composta pelo meu pai, Paulo, minha mãe, Diva, eu e meus três irmãos – Paulo, o mais velho, Walter, o Tatá, e Eliane, a Lica – e meu avô Oscar, que depois de separado e começando a envelhecer veio morar com a filha Diva. Éramos uma típica família dos anos 1950/60. Não tinha nada de "querida, cheguei!" do *Papai Sabe Tudo* (seriado da época a que todo mundo assistia) nem da felicidade da família margarina. Éramos normais.

Meu pai veio de uma família muito simples, mas, como era ambicioso e trabalhador, soube fazer crescer, e muito, o dinheiro que seu sogro emprestara para o jovem casal começar a vida. Ele montou com minha mãe uma fábrica de velas e desenvolveu uma técnica que deixava as velas brancas (até então elas eram meio amareladas). O sucesso foi tão grande que ele vendia mais do que água no deserto.

Um dia, um publicitário amigo de longa data e cheio de boas ideias, dono de uma das mais prestigiadas agências de publicidade do país, meteu na cabeça que meu pai deveria fazer cera para o chão (já que ele

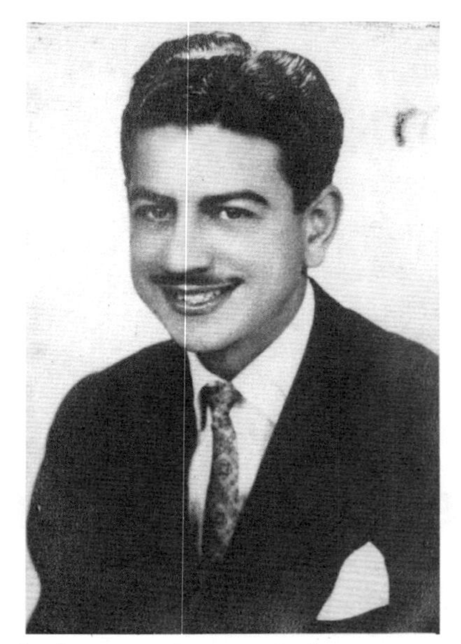

Paulo, meu pai e exemplo de superação

Diva, minha querida mãe

sabia usar cera para fazer vela, por que não?), e, de tanto insistir, seu Paulo, que sempre conseguia vislumbrar um bom negócio, desenvolveu uma cera especial para piso que chamou de Dominó ("pise sem dó que a cera é Dominó" era o *jingle* do comercial da marca que passava na tevê em 1962). Então ele montou a fábrica de cera para piso, que cresceu com uma linha de produtos de limpeza que viraram xodó das donas de casa. A partir daí ele foi diversificando seus negócios.

Acho que, como a maioria dos pais daquele tempo, ele era o provedor (acreditava na máxima "quem paga é quem manda"). Era um homem bravo, seco, incapaz de um gesto de carinho, mas com um coração enorme para ajudar os outros. Para os homens, arrumava trabalho, as mulheres, ele ajudava.

Já minha santa mãe vinha de uma família mais tradicional, e quando meus avós se separaram foi um auê tamanho que eles resolveram matricular minha mãe em um internato no Rio de Janeiro. Por quê? Não sei. Talvez por causa do escândalo da separação, para a menina não ser vítima do diz-que-diz e da discriminação. Ser filha de desquitada era um problema na época. Só sei que o colégio interno deixou marcas na querida dona Diva, que era um doce de pessoa. Talvez tenha sido por isso que ela se casou em pouquíssimo tempo com meu pai. Minha mãe era uma mulher que seguia os padrões: o papel do marido era trazer dinheiro para casa, e o da mulher, cuidar da casa e dos filhos, coisa que ela fazia primorosamente. Lembro-me dela comandando os afazeres domésticos, fazendo tricô, bordando, desenhando ou lendo. E, quando dona Diva não estava cuidando da casa e dos filhos, um dos programas que eu mais gostava de fazer com ela era pegar o ônibus elétrico e ir até o Mappin, uma das primeiras lojas de departamento do país, que ficava no centro da cidade, em frente ao Theatro Municipal.

BASTIDORES *Nos idos de 1960 a maioria das mulheres não dirigia, as famílias tinham um carro só, e quem usava era o dono da casa. Os mais abastados tinham chofer (motorista), que depois de deixar o patrão no escritório ficava à disposição da família até a hora de ir buscá-lo no trabalho. O resto da família andava de trólebus, o ônibus elétrico que logo no início dos anos 1960 acabou sendo substituído pelos ônibus movidos a diesel. Pegar o elétrico era a coisa mais normal do mundo para todas as classes sociais. Isso durou até o fim da década de 1960, começo dos anos 1970, quando a indústria automobilística passou a incentivar o uso do automóvel, a troca da condução pelo carro, a compra de um segundo carro, e depois os pais que estavam bem de vida passaram a dar um carro, geralmente um Fusquinha, para o filho homem quando entrasse na faculdade.*

Voltando ao Mappin... Até hoje me lembro do cheiro da loja, do elevador com porta pantográfica e do ascensorista que abria a porta a cada andar e anunciava: "Primeiro andar: camisas, gravatas, ternos e artigos para o homem elegante", alguma coisa assim. Bastava entrar na loja e eu começava a sentir fome: o chá de lá era uma delícia, os doces... Íamos só nós dois, minha mãe e eu, "seu caçulinha". Sem dúvida eu era o queridinho.

•••

ENQUANTO ISSO... O Mappin Store abriu suas portas, na Rua Quinze de Novembro, no centro de São Paulo, em 1913, para concorrer com a Casa Allemã, que ficava na Rua Direita. O conceito da nova loja de departamentos brasileira, trazido pelos irmãos Walter e Herbert Mappin, veio da Inglaterra e a proposta era vender basicamente produtos importados, oferecer uma barbearia para os cavalheiros e salão de chá para as senhoras e famílias da alta sociedade paulistana. Em seis anos a loja ficou pequena para tanta novidade e mudou-se para um prédio na Praça do Patriarca, até que, em 1939, transferiu-se para um espaçoso edifício na Praça Ramos de Azevedo, em frente ao Theatro Municipal. Entre as muitas novidades que o Mappin trouxe para o Brasil estão as vitrines que davam para a rua, deixando os produtos à vista de quem passava; a comercialização de diferentes tipos de produtos, separados por andar (moda para senhoras, cavalheiros, objetos para casa, eletrodomésticos e assim por diante); colocar, nos anos 1930, etiquetas com os preços dos produtos expostos na vitrine e a introdução do crediário. Na década de 1940 a loja foi vendida para um empresário do ramo do café que alterou sua fórmula, mas manteve o sucesso. Na década de 1990 ela foi vendida novamente e faliu.

•••

Como boa esposa, minha mãe estava sempre à disposição do meu pai, que só trabalhava, chegava em casa perto da hora de jantar, tirava o paletó, afrouxava a gravata, arregaçava as mangas da camisa, acendia um cigarro e tomava seu uisquinho Grant's (era o que tínhamos de melhor em tempos de ditadura) para relaxar. Ele nunca trocou uma lâmpada nem atendeu o telefone. Mesmo que o aparelho estivesse ao seu alcance, ele chamava: "Diva, o telefone está tocando", e ela largava o que estivesse fazendo e ia até o telefone preto, de disco, tirava o fone do gancho e dizia "pronto?" (eu achava a maior graça). Com essa posição de "rainha do lar", ela ganhava tudo que queria, mas nunca fez uma viagem, nem conheceu a Europa, porque meu pai gostava mesmo era de trabalhar.

Quando ele descobriu que tinha um clube ao lado de casa, entrou como sócio com toda a família, fez amigos e começou a andar todos os dias para se exercitar. Os dois eram católicos fervorosos, devotos de Santa Terezinha, a protetora de toda a nossa família; só eu que debandei pros lados de São Judas Tadeu. E todos os meses vou à igreja dele para rezar e acender uma vela. Acho que a fé é um conforto.

BASTIDORES *Acredito que, nesta minha história, meu modelo de superação veio do meu pai. Era um cara que saiu do nada e chegou muito além do que ele mesmo imaginava. E só não foi mais adiante talvez por ter se dedicado só ao trabalho, e assim perdido bons contatos e boas oportunidades.*

Paulinho, meu irmão mais velho, gostava de frequentar a academia e lutar caratê. É um homem grande, forte, que se casou tarde, aos 50 anos, e teve duas filhas. Fomos sócios na Gini por 36 anos, e, apesar de sua personalidade difícil, somos muito próximos. Sinto que ele nunca se recuperou do problema que tivemos com a empresa, assunto de que falo mais adiante, e que foi bem difícil para todos nós.

Tatá, o Walter, é um cara de bom coração, que se casou com a Pilar, sua primeira e única namorada (ele também foi o primeiro namorado dela), uma baixinha mandona e adorável (que com minha mãe e a Lica formam o trio das baixinhas mais altas que eu conheço). Ele gostava de futebol e foi engenheiro químico da Petrobras até se aposentar – o que ocorreu cedo, já que a função tinha uma taxa de insalubridade que fazia com que os funcionários se aposentassem antes dos 35 anos de trabalho. A esposa era professora de um colégio de origem alemã. Eles tiveram dois filhos, Paulo e Carolina, já são avós, e tudo o que o Tatá mais gosta de fazer é pintar seus quadros, que expõe sem muito interesse nas vendas.

A Lica, pouco mais velha que eu, e seu marido, Guto, são advogados e têm três filhos adultos, sendo que a raspa do tacho, o Pedro, é uma graça, um querido especialista em pão de linguiça.

Nossa infância foi como a de toda criança que tem um pai muito rígido e bravo e uma mãe submissa. Como eu era caçula, meus irmãos me protegiam, mas quando minha mãe falava "vou contar para o seu pai", não sobrava para ninguém. Brincávamos no jardim de casa, passávamos as férias em Santos e no Guarujá com minha tia Cléo, e só depois dos 16 anos é que pude viajar com amigos. É... os "donzelos" também tinham um pai que era uma fera.

•••

ENQUANTO ISSO... Dos tais "50 anos em 5" do presidente Juscelino fazia parte a mudança da Capital Federal do Rio de Janeiro para Brasília, uma cidade construída no meio do nada por uma questão de segurança nacional. Mas, se já na Segunda Guerra Mundial aconteciam ataques aéreos, que necessidade de segurança era essa? Para muita gente essa história é muito mal contada. Lúcio Costa foi o autor do traçado urbano em forma de borboleta, enquanto Oscar Niemeyer ficou famoso mundialmente pelo desenho de sua arquitetura, pela geometria de seus planos, as formas elípticas e outras novidades arquitetônicas. O ano seguinte foi bem atribulado politicamente: Jânio Quadros foi eleito presidente e, seis meses depois, "forças ocultas" o levaram a renunciar. Dois meses mais tarde assumiu o poder João Goulart, o Jango, casado com a bela Maria Thereza, uma primeira-dama à altura de Jackie Kennedy, mulher de John Kennedy, presidente dos Estados

Unidos, que viria a ser assassinado dois anos depois, em 1963. Em dezembro de 1961, um incêndio criminoso em um circo em Niterói matou mais de 500 pessoas, a maioria delas crianças, uma tragédia que estampou todas as revistas e jornais do Brasil e do mundo e me deixou muito impressionado.

•••

BASTIDORES *Como todo adolescente dos anos 1960, na onda da Jovem Guarda, tive um conjunto musical. Eu era o crooner, tinha um amigo na guitarra e outro no piano, e fazíamos um som legal. Até que um deles nos disse que tinha conhecido um cara sensacional, que compunha músicas lindas, e queria apresentá-lo para nós. Ele chegou, era cantor, e tinha uma voz fininha que combinava com a minha, que é bem grave. Nossa banda tirava um som bem bacana. De repente, do nada, esse cara sumiu. Um tempo depois, soubemos pela irmã dele, que era sua parceira nas composições, que tinham sido eles os compositores da música "Outra vez", gravada pelo Rei, tremendo sucesso, e que o rapaz tinha morrido em um acidente de carro. Tristezas da vida.*

– Capítulo 4 –

Foco e chilique

Morávamos no Jardim Europa, em São Paulo. Nossa casa ficava perto de um clube de famílias tradicionais e bacanas e, depois que fiquei sócio, aos 8 anos de idade, não saía mais de lá. Jogava tênis, futebol de salão, nadava e encontrava os amigos. Conhecia do porteiro ao presidente do clube. Quando chegavam as férias, só faltava ficar para dormir, de tanto que eu gostava e me divertia por lá. Só tenho boas lembranças dessa época. Ainda hoje vou ao clube, sempre na hora do almoço, para praticar esporte. Paixão e necessidade. Meu corpo pede e eu obedeço. Não quero terminar minha vida como o "velhinho estranho do asilo...".

BASTIDORES *O sonho do meu pai era morar no Jardim Europa. Dizia que, se não fosse morar lá, quando morresse queria dar uma volta de caixão pelo bairro que ele achava lindo e adorava. Pode?*

Meus esportes são o tênis e o squash. Jogos que pedem concentração total, foco e preparo físico, já que é possível ficar horas na quadra até a partida acabar. Agora, imagine alguém jogar tênis ou squash com apenas 20% da visão de um olho. Essa foi uma das minhas superações mais importantes. Foi um exercício e tanto de força de vontade e paixão para não desistir das quadras. Eu tinha de encontrar um jeito de compensar essa falha, porque, dependendo de como a bola viesse, eu simplesmente não a via. Os adversários sabiam do meu problema (éramos todos amigos), atacavam meu ponto fraco e eu tinha de me defender.

BASTIDORES *Considerado um dos esportes mais completos, o tênis exige agilidade, disciplina tática e cálculo. É preciso resistência, velocidade de reação, um corpo ágil e flexível, bastante explosão muscular e força nos braços e pernas. A meu ver, o maior atleta do mundo em um esporte individual é o tenista; talvez somente um ciclista que faz percursos de 100 quilômetros por dia possa ser comparado a ele. Um tenista muitas vezes fica quatro horas debaixo do sol, trocando bolas com uma velocidade de quase 200 quilômetros por hora, sob uma enorme pressão (muitas vezes concorrendo a prêmios de muitos milhões de dólares). Depois de uma partida dessas, qualquer tenista precisa entrar em uma banheira cheia de gelo para quebrar o ciclo dor-espasmo-dor. (Não gosto nem de imaginar, tenho pavor de água fria). E, se ganhar, no dia seguinte ele volta para a quadra para fazer tudo de novo, com um adversário mais forte que o anterior, até vencer o campeonato. Acho uma sacanagem (desculpe-me pela palavra) um atleta que corre 100 metros – sem tirar o mérito dele, claro! – e completa a prova em menos de dez segundos ir para casa e levar os louros de melhor do mundo.*

FOCO, FOCO, FOCO. Eu entrava na quadra e saía de mim. Não existia nada além da minha busca pela superação dos meus limites, dos meus truques, da raquete, da bolinha e do adversário. Eu ficava tão ligado na movimentação do meu adversário que, como num jogo de xadrez, sabia qual era a tática dele duas, três jogadas antes, e assim eu compensava a minha deficiência visual. E, como sou muito competitivo, perder nunca foi para mim. Fico furioso comigo mesmo por não ter sido perfeito. Olhe só o tamanho da minha exigência. Fico tão bravo quando perco que meu lado Carlos, o ponderado, o "fique calmo", tem de entrar em cena e não me deixar perder a cabeça e quebrar mais uma raquete (quebrei várias). Estou no mesmo ranking que Ernests Gulbis, Marcos Baghdatis, Fabio Fognini e até da Serena Williams – não em termos de jogo, claro, mas no quesito "quebrar raquete". Pelo menos nunca bati com a raquete na minha cabeça a ponto de sangrar, como fez o tenista Mikhail Youzhny. No squash e no futebol de salão eu também era bem agressivo. Quando eu levava um carrinho de algum jogador ou meu time perdia, deixava a quadra ou o campo roxo de cansaço e fúria e não falava com ninguém. Ficava sentado no bar do clube, cara amarrada, de frente para um copo de suco, ruminando meus erros e minha derrota. Esse estado de espírito durava um tempo, maior ou menor, dependendo do jogo. Minha versão Carlos, o equilibrado, segurava a minha onda até passar.

SAI DESSA, CARA *Como diziam os antigos, o que não tem remédio, remediado está. Não tinha o que fazer. Voltar para o cantinho da pena? Nunca, jamais, em tempo algum. Meu orgulho nunca deixou. Com a mesma disciplina que usava na fisioterapia, treinava um jeito de conseguir fazer tudo de que gostava. Perceber o saque safado que vem pela esquerda, o zagueiro que chega por trás no futsal, manobrar o carro e até notar a menina bonita que passa pelo lado errado. Foco e disciplina são as minhas palavras de ordem até hoje.*

ENQUANTO ISSO... Com a eleição de João Goulart, ventos comunistas passaram a assombrar o país. O medo era tamanho que tanto se fez em surdina que um golpe militar derrubou o presidente. A ideia era que os militares assumissem o poder interinamente (o militar Humberto de Alencar Castelo Branco foi eleito indiretamente), para então voltar à democracia e às eleições diretas. Acho que os militares tomaram gosto pelo poder e se instalaram no Palácio da Alvorada por mais de 20 anos. Para ser muito sincero, naquele tempo eu não tinha ideia de nada disso. Não sabia se era bom ou ruim, nem o que acontecia de verdade. Ouvia falar de passeatas, bombas, mortes, o tal do AI-5 (Ato Institucional número 5), que eu não tinha ideia do que se tratava, e outras coisas que entravam por um ouvido e saíam pelo outro. Eu fazia parte de uma elite alienada que só pensava em menina, namorar, beijar, ir a festas e dançar. Até então, tinha vindo à vida a passeio e só queria me divertir. Verdade seja dita, não era apenas a elite que era alienada, a maioria dos brasileiros não sabia da missa a metade, e engolia o que a imprensa censurada publicava e o governo queria que a gente soubesse. Do que acontecia no mundo não sabíamos de nada, os portos estavam fechados para a importação – comidas e bebidas importadas, a desejada calça Levi's, só no contrabandista (e com certeza militares e policiais sabiam disso, davam uma batida de vez em quando e voltava tudo ao normal), e assim as coisas foram entrando pela década de 1970.

•••

BOYZINHO GASOLINA

Quando eu fiz 18 anos, ganhei um Fuscão azul-marinho. Eu não sabia guiar e nunca tinha tido interesse em aprender. Eu era tão bobo que, no primeiro dia de aula na autoescola, entrei no carro, ouvi os primeiros conselhos, acertei o banco, o espelhinho, e o instrutor mandou: "Agora pode sair". Eu abri a porta e desci do carro.

Aprendi a dirigir, e, apesar do meu perfeccionismo, não era muito bom de volante (fui ficando melhor com o tempo). E, como todo garoto que "se acha", levei minha namorada da época a uma festa, depois de garantir para o pai da moça que ela estava segura comigo, que eu não bebia, sabia dirigir, tinha carta (em São Paulo carteira de habilitação se chamava carta) e blá, blá, blá. Saindo da casa dela havia uma ladeira íngreme e sem fim, e o dom-juan aqui inventou de dar um beijo na menina. Segurei o volante com o joelho no melhor estilo boyzinho, me virei e... perdi o controle do carro, batendo de frente em um poste. Fomos parar no hospital, as famílias foram acionadas, nos machucamos bastante, principalmente no rosto (ela muito mais que eu, que mesmo assim levei mais de 100 pontos), tomei a maior bronca da minha vida, e ainda hoje me arrependo da irresponsabilidade de achar que, justo eu, o maior barbeiro do pedaço, iria segurar o volante com a perna e ainda dar um beijo na garota. Quem eu pensava que era? O Ayrton Senna, o James Bond? Fiquei transtornado por ela ter machucado seu rosto lindo. Nunca mais a vi e me arrependo mil vezes da besteira que fiz. O Fuscão? Deu perda total. Eu procurei me aperfeiçoar na direção e a não achar que era o rei do asfalto. Nunca mais sofri um acidente.

BASTIDORES *Com a batida do Fuscão, o poste caiu e começou uma pendenga entre meu pai e o guarda que veio fazer a ocorrência. Segundo ele, meu pai deveria pagar pelo poste, que era um bem público. Para o meu pai, se ele iria pagar pelo poste, tratava-se de uma transação comercial: "eu pago, eu levo", e ele tinha todo o direito de ficar com o poste. O guarda* *retrucava dizendo que era impossível, que o poste era da prefeitura. E meu pai argumentava que, já que ele tinha pagado, tinha comprado o poste, então era dele. Foram horas de discussão. Não me lembro do final da história, só que o poste não ficou com meu pai e que foi o único fato divertido dessa besteira que eu fiz.*

– Capítulo 5 –

Pegando no batente

Se no Liceu eu não aprendia nada, não sei como fui passando de ano. Seriam as lições de casa que minha mãe fazia por mim ou porque, depois de passar por uma escola puxada, eu trocava de escola no decorrer do tempo, sempre por uma mais fácil? Só sei que terminei, sei lá como, o colegial (que hoje corresponde ao ensino médio). E veio o tal do vestibular. "Tem de fazer para ser doutor; ter diploma abre portas; vai fazer faculdade" era o mantra dos meus pais, e eu não tinha ideia do que queria ser ou fazer quando crescesse. Como sou bem falante, achei que daria um bom advogado e fui prestar Direito em uma tradicional universidade presbiteriana. Durante as provas percebi que nada daquilo era para mim, deixei a sala no meio do exame e fui embora. Comuniquei à família e, imediatamente, meu pai veio com a contraordem: "Então vai trabalhar". Eu fui. E nisso eu percebi que era bom – pelo menos bem melhor do que como estudante.

BASTIDORES *Antes de pegar no batente para valer, quando eu ainda era quase uma criança, passei por situações "profissionais" no mínimo* *divertidas. Comecei como coroinha na igreja de Santa Tereza. Ajudava o padre na missa e adorava tocar a sineta. Eu devia ter uns 8 ou 9 anos e fui afastado da minha função porque bebia o vinho do padre e era muito bagunceiro. Depois, já adolescente, decidi que queria ser jogador de futebol e fui treinar no Corinthians. Não rolou, rodei na segunda peneira. Ali a briga é de cachorro grande. Você entra em campo e todos os aspirantes estão atrás de uma vaga, então o jogo é bruto, pesado, eu apanhei... Nessa mesma época decidi que queria ser cantor. E, como minha mãe embarcava em todas as minhas invenções, quase fomos parar na Record, num programa* que tinha um quadro especial para crianças cantoras, *uma espécie de* The Voice Kids *da época, mas não preciso nem falar que, quando soube, meu pai ficou furioso e proibiu nossa aventura pelo universo musical.*

SAI DESSA, CARA *Mesmo que eu sonhasse ser jogador de futebol ou cantor e tivesse levado um não redondo, o Carlos não deixou a nossa peteca cair, e fui levando a minha vida de adolescente alienado, pois o país vivia uma ditadura e eu só pensava em tênis, futebol e garotas. E, como também não quis fazer vestibular, o jeito foi começar a trabalhar aos 17 anos.*

•••

ENQUANTO ISSO... Mais ou menos nessa época, o Brasil foi tricampeão mundial, vencendo a Itália na final da Copa do Mundo de 1970, por 4 x 1. Foi uma festa. *Noventa milhões em ação, pra frente, Brasil, salve a seleção* estavam nas ruas comemorando. Em São Paulo, a bagunça, muito organizada, foi na Rua Augusta, o *point* da moda, com as lojas mais bacanas, a Hi-Fi, que vendia os discos mais descolados, a casa de chá Yara, onde a paquera rolava solta, e o cine Paulista, que todo mundo frequentava, e depois devorava, ao lado, um *hot dog* com mostarda (a salsicha ficava rodando em uma máquina) ou o "hotifudinuti" (*hot fudge nut*). Acho que foi a primeira *junk food* da cidade, e era uma delícia.

•••

Minha mãe não se conformava com o fato de eu trabalhar sem estudar e me convenceu a fazer um curso técnico. Lá fui eu fazer um curso de contabilidade. A escola era tão fácil, mas tão fácil, que se alguém repetisse ganhava um Opala... (brincadeira). O professor já dava nota 5 só pela presença (outra brincadeira). Claro que não aprendi nada, embora eu fosse bom em matemática.

Como meu pai tinha a fábrica de produtos de limpeza, passei por todos os departamentos ali e aprendi muito. Confiando no meu irmão Paulo e em mim, meu pai passou o comando da Gini Indústria de Alimentos em Conserva, que era dele, e algumas ações para nós dois. O Paulo tinha 25 anos e eu 21 anos – e já éramos empresários! Entre a Dominó e a Gini, lá se foram 39 anos...

BASTIDORES *Quando meu pai já estava velho e começou a apresentar sinais de Alzheimer, ele, que já era religioso, ficou ainda mais religioso. Todos os dias ia à igreja e acabou ficando muito amigo do padre, com quem tinha longas conversas. Quando ele morreu, fizemos a missa de sétimo dia nessa mesma igreja e o padre amigo falou coisas lindas sobre* *meu pai. Um tempo depois, minha mãe quis sair da casa e mudar-se para um apartamento, não muito longe de onde eles moravam. Minha irmã ficou de procurar e encontrou um apartamento ótimo, bem perto do antigo endereço. Quando ligamos para o proprietário para fechar o negócio, qual não foi nossa surpresa: o dono do imóvel era o padre amigo do meu pai. Apesar de ser muito católico, ninguém me tira da cabeça que meu pai, "do lado de lá", mexeu seus pauzinhos para ajudar minha mãe.*

O começo, em 1975, foi tímido; processávamos o palmito que era comprado de fornecedores no Vale do Ribeira, proveniente de plantação própria. Nosso depósito e o escritório ficavam em um galpão no Itaim. Aos poucos a empresa foi crescendo, ganhando visibilidade e, principalmente, credibilidade. O palmito Gini era o rei das prateleiras.

•••

ENQUANTO ISSO... Apesar de a ditadura estar cada vez mais dura (embora eu não tivesse ideia disso), o Brasil vivia o auge do milagre econômico, inaugurava obras monumentais – como a ponte Rio-Niterói – a torto e a direito, e o dinheiro parecia ser fácil de ganhar.

•••

Numa certa altura da nossa vida de jovens executivos, o Paulo teve a ideia de lançar um palmito para exportação – o coração do palmito, a parte nobre, que fica entre o caule e a folha e é a mais macia.

Esse lançamento merecia barulho, e eu era louco para inventar moda. Era um bom marqueteiro e não sabia (será que não?). Pensei: "Esse produto tem de ser diferente dos outros, tem de chamar atenção, que tal um rótulo preto e dourado?". Sacrilégio! "Preto e comida não andam juntos, lembra coisa estragada", cansei de escutar. Eu, que sou teimoso e não gosto de ouvir "não", não ia deixar barato e fui atrás do meu rótulo preto. Descobri no bairro de Santana um desenhista maravilhoso que criou por um preço acessível o bendito rótulo com fundo preto e letras douradas, algo bem sofisticado. E achei uma gráfica para imprimir o Gini Rótulo Preto, nosso palmito tipo exportação. Contrariando as previsões dos pessimistas, o tal Rótulo Preto fez um tremendo sucesso, conquistou o mercado e se tornou referência de produto especial. Paralelamente fui inventando algumas ações de marketing para agitar o mercado. Criei uma lata grande para o Gini Rótulo Preto que continha uma toalha de praia; montei uma ação conjunta no Natal com um fabricante de panetones: a graça era abrir a lata do palmito e – surpresa! –encontrar um panetone; e outras ações dirigidas para o público que queríamos atingir, e logo o Rótulo Preto conquistou seu lugar de honra nas gôndolas dos supermercados. Era bacana, chique, "coisa de rico".

E assim a empresa foi crescendo, ganhando corpo. Aumentamos a linha de produtos, acrescentando à família Gini aspargos, cogumelos, pêssego em calda e azeite. Ao todo eram 16 produtos na linha, todos muito bem aceitos.

BASTIDORES *Foi o Paulo, que gostava de cozinhar, que inventou o palmito inteiro feito no forno, que a mais tradicional churrascaria de São Paulo diz que é criação deles... e vou eu lá brigar com eles?*

– Capítulo 6 –

Fernanda

Nunca vou me esquecer do dia em que conheci a Fernanda. Eu era bem arteiro, para não dizer cafajeste, e namorador. Naquela noite tinha combinado com uma moça com quem estava saindo de irmos a um motel na Régis Bittencourt, a "rodovia do amor", onde ficava a maioria dos motéis que eram proibidos por lei (naquela época, nem toda garota queria transar, sendo namorada ou não, mas algumas meninas eram mais avançadinhas e topavam a brincadeira). Quando ela entrou no carro, soltou: "Não vamos mais, porque estou incomodada (menstruada)". "Incomodada fica a sua avó!", devo ter pensado, bem antes das propagandas de absorvente. Moleque, sensibilidade zero, hormônios a mil, fiquei tão bravo, mas tão bravo que desisti do programa (eu queria era transar), pedi a ela que descesse do carro e nunca mais nos vimos, claro (posso imaginar o que ela pensa de mim, e com toda a razão). Fui para o clube com sangue nos olhos. Estava sentado em um barzinho escuro, que só abria à noite, com um mau humor do cão, quando encontrei um amigo querido com uma menina linda. No ato, meus quatro pneus arriaram, mas eu não podia estar gostando da namoradinha de um amigo meu. A boa notícia: ela não era namorada dele! Na hora de ir embora, sem entender muito bem por que, ele ficava insistindo para eu levar a moça para casa, mesmo sabendo que eu morava do lado do clube. Como eu tinha achado a maior graça nela, peguei a deixa, fui levar a menina em casa e aproveitei para convidá-la para a festa de aniversário do clube – traje: *black tie*. Podia ser uma roubada, um programa careta, um mico para ela – eu não sabia do que a moça gostava, mal a conhecia, e podia levar um não redondo na cara. Mas ela aceitou, oba! Logo depois, meu amigo acabou me contando que tinha sido ela, que também tinha gostado de mim, que havia arquitetado todo o plano "leva ela pra casa"... Ela era muito mais esperta que eu.

No dia da festa, quando fui buscar a Fernanda em casa, todo bonitão dentro do meu *smoking* alugado (e por acaso a gente tinha o próprio *smoking*? Não tínhamos nem onde usar, embora rolassem muitas festas *black tie*, meninas de longo, garotos de *smoking*, entre a garotada), vejo uma aparição: ela estava linda – e arrasou meu quarteirão. Se já estava de quatro, fiquei de oito por ela. Ousadinha e atirada, acho que foi ela que me pediu em namoro, na própria festa do clube. Eu devia estar fazendo o tímido, todo cheio de dedos com ela, e, quando me dei conta, oito meses depois, estávamos procurando apartamento. Nós tínhamos decidido que iríamos nos casar. Estávamos os dois completamente apaixonados. Ela tinha 19 anos e eu 23 (quando o normal, atualmente, é as pessoas se casarem perto dos 30 anos), éramos dois jovens imaturos, mas, como eu já era um empresário e ela trabalhava com moda, nossos pais não tiveram alternativa a não ser aceitar.

ENQUANTO ISSO... Mesmo muito apaixonado e querendo ficar grudado na Fernanda o tempo todo, o santista de coração aqui não deixou de acompanhar de perto o último gol, o 1.283º, da brilhante carreira do grande ídolo (e ídolo também de todos que amam futebol), que então jogava no New York Cosmos; o Corinthians, depois de 20 anos, ter vencido o Campeonato Paulista na final contra a Ponte Preta não me deixou lá muito contente, mas... Soube com tristeza que o campeão de Fórmula 1 tinha sofrido um grave acidente que o deixou com sérias queimaduras, e que o nosso piloto-promessa tinha morrido em um acidente com seu monomotor. Foi nesse ano, também, que foi assinada a Lei do Divórcio, coisa que eu nem cogitava que pudesse acontecer com a Fernanda e comigo – queria viver com ela até o fim da minha vida (e não da dela, como aconteceu).

BASTIDORES *A Fernanda tinha uma luz diferente, era uma pessoa querida por todo mundo, inteligente, competente, simpática, agradável e atenciosa. Quando a conheci, ela tinha trabalhado para a malharia de uma grande amiga, depois com uma famosa marca francesa que aportava no Brasil, até ser chamada para ser o braço direito da dona da loja de roupas mais bacana da cidade. E foi lá que ela ficou.*

– Capítulo 7 –

Chuva de arroz

Nosso casamento começou fervendo. Fernanda estava linda (o vestido era do costureiro de noivas mais bacana de São Paulo. Não sei descrever o modelo, porque homem não repara nessas coisas, acho que era de renda), e, como sou chorão, fiquei muito emocionado quando vi o amor da minha vida cruzando a nave de braço dado com o pai, vindo em minha direção. Daquele momento em diante ela seria minha mulher; construir uma vida juntos era tudo que nós queríamos. A festa, como era de praxe na época, foi na casa dos pais da noiva, e mal me lembro dos detalhes, de tão feliz que eu estava (aliás, como diz todo mundo que já casou, quem menos aproveita a festa são os noivos e seus pais – é um tal de cumprimenta aqui, beija a tia que nunca viu mais gorda, dança a valsa... uma maratona sem fim). Muitos amigos, muitas fotos, a tradicional cena do champanhe, do bolo e fomos para o hotel começar nossa vida de casados. Nossa lua de mel foi no México, em Nova York e Los Angeles e, claro!, fomos conhecer a Disneylândia. No finalzinho da viagem o dinheiro acabou e eu peguei catapora. Como? Não faço a menor ideia. Sempre achei que nos Estados Unidos não existissem

Um casamento que marcou época nos anaes da elegancia paulista: Maria Fernanda Ortiz Meimberg — Carlos Alberto Gini

Aconteceu no dia 14 de abril, em S. Paulo, na Igreja de Nossa Senhora do Brasil, oficiado por Frei Benjamim de Piracicaba.

A noiva, vestida por José Nunes, usou elegantissimo «longo», com mangas e tocado em plumas, arrematado com strass. — Penteado a cargo de Jean Paul.

Foram seus padrinhos, no civil: Luis Frizoni e Canducha Zaires — Detinha Nascimento e José Melão. No religioso: Paulo Ortiz Meimberg e Bleeck Frizoni. — dr. Sergio Américo de Araujo Lopes e sra.

Padrinhos do noivo, no civil: Eliane Porto Gini e Francisco Frizoni — Antonio Roberto Silva Oliveira e sra. — No religioso: Nonô e Ricardo Capote Valente.

—

Marcio decorou a igreja com «cache-pots» espelhados, eras e crisandalias.

A parte musical esteve a cargo do Maestro Bacarelli.

Buffet a cargo de Francisco e Hotel Comodoro.

México e Estados Unidos na rota nupcial.

Um casamento badalado

essas doenças, mesmo no final dos anos 1970. Precisávamos ir embora. Liguei para a minha família, que me mandou algum dinheiro.

O único voo disponível era de uma companhia peruana, com escala em Lima, onde dormimos em um hotel bem mequetrefe iluminado por uma lâmpada pendurada por um fio. Eu ardia com uma febre de 40 graus e Fernanda chorava. Eu achava que ia morrer e Fernanda chorava (telefonar para o Brasil para falar com nossas mamães era uma novela, ainda mais no Peru). A viagem foi um tormento, como se pode imaginar, e, quando chegamos a São Paulo, desci de cadeira de rodas (nunca imaginei que anos depois iria reviver a cena, numa situação bem menos divertida) e fui direto para o hospital. A recuperação foi na "casa da mamãe", já que Fernanda não tinha ideia do que fazer com aquele traste

Marido feliz em lua de mel

Fernanda e eu: duas crianças curtindo a lua de mel no México

cheio de bolhas vermelhas e coceira – nós éramos duas crianças brincando de bem casados.

Depois que fiquei bom, finalmente fui para o nosso apartamento na Vila Olímpia, pequeno e que ficou bárbaro, como tudo que Fernanda fazia. Meu pai tinha nos dado o apartamento e a família dela havia recheado até a geladeira quando chegamos da lua de mel e começamos nossa vida de casados. Minha felicidade era completa. Almoçávamos todos os dias juntos, já que trabalhávamos perto; não conseguíamos ficar muito tempo longe um do outro. Era um tempo maravilhoso. Eu já era um executivo do setor alimentício, Fernanda trabalhava com moda, juntávamos o que ganhávamos e íamos vivendo de muito amor, respeito e admiração um pelo outro. Era uma delícia.

Um belo dia, decidimos ir para a Europa com alguns casais amigos. Eu, que não gosto de receber ordens, tomei a frente da organização - e sou um fracasso nesse quesito. Sou atrapalhado, desatento (lembre que sou disléxico), e sempre alguma coisa acaba dando errado. É o cartão de crédito que dá problema, a poltrona do avião que está quebrada, a reserva do hotel que está errada, a mala que sumiu... Nessa viagem para a Europa não faltaram trapalhadas, todas minhas, que deram um tempero àquelas semanas. Relembrando, hoje, tudo o que rolou, até que foi engraçado, parecíamos o grupo "Jerry Lewis vai à Europa".

Depois de quatro anos curtindo e vivendo de amor, Fernanda ficou grávida. Felicidade total: eu ia ser pai, maior responsabilidade e também o meu maior desejo. Eu era um jovem empresário de 27 anos começando a me destacar, lançando novos produtos, fazendo da nossa empresa referência de qualidade, e ela era uma das bambambãs da loja mais sofisticada da cidade. Era o momento certo para receber o Felipe, que nasceu prematuro, de oito meses, pesando 2,5 quilos, todo amassado, carinha de joelho, mas para mim ele era o bebê mais lindo do berçário e do mundo. Como boa parte dos bebês, logo ele ganhou peso, e eu ganhei o céu. Sempre fui alucinado por criança.

– Capítulo 8 –

Nosso pacotinho

Quando o Felipe nasceu, ele era tão pequenininho que o apelidamos de pacotinho. Era o nosso pacotinho, e tudo o que eu queria era que quando ele crescesse fosse meu *brother*. Sempre adorei criança e me dei muito bem com elas; nas reuniões familiares gostava de me sentar à mesa com os pequenos, conversar, ouvir o que tinham a dizer, e assim formei uma boa relação com essa meninada, hoje adultos, e que sempre puderam contar comigo para tudo. Quando o Felipe já era maiorzinho, eu entrava no berço dele e cantava "Frère Jacques" para ele dormir. Era um momento só nosso, de puro carinho. Por que "Frère Jacques"? Não faço a menor ideia, talvez porque fosse a única música de ninar que eu soubesse em francês.

Felizes com o Felipe crescendo, a Fernanda e eu sentimos vontade de ter outro filho, ou talvez uma menininha, e começamos a tentar. O tempo foi passando e nada de a Fernanda engravidar. Mesmo que já tivéssemos o Felipe, achei que o problema poderia ser comigo e fui fazer o espermograma, aquele exame que faz a contagem da sua fertilidade e é constrangedor, principalmente porque a atendente, acredito que de propósito, não poupa o cidadão de comentar, em alto e bom som, "aqui está seu potinho, entra naquela sala e depois me traz a coleta". Tentei negociar um "posso levar o potinho para casa...", antes de pagar o mico na sala de espera, mas sem sucesso. Tarefa cumprida, o resultado confirmou que estava tudo bem comigo. O próximo passo seria examinar a Fernanda. Ao invés de pedir todos os exames necessários, o médico dela receitou um remédio para acelerar a ovulação. Foi o fim de nossa pequena chance de ter um segundo filho. Ainda adolescente a Fernanda tinha tirado um dos ovários, o que diminuía em 50% a chance de ela engravidar (o Felipe já tinha sido um gol), o remédio receitado acelerou uma endometriose que já estava em andamento, provocou uma hemorragia e ela acabou tendo de tirar o segundo ovário, ou seja, tivemos de dar adeus ao sonho de dar um irmãozinho (ou irmãzinha) para o Felipe. Hoje, me atormentando com o jogo do "e se?" me pergunto se esse fato teria acelerado o desenvolvimento da doença que tirou a vida dela; e como teria sido a história do Felipe se ele tivesse crescido com irmãos, sem tantos mimos e dividindo atenções. Divagações que me fazem mal e que nunca vou saber a resposta.

•••

ENQUANTO ISSO... Ao contrário do final dos anos 1960, marcados principalmente pelos movimentos estudantis e o paz e amor dos hippies, a década de 1970 foi bem complicada no Brasil. A ditadura endureceu de uma maneira absurda, a censura levou o maior jornal de São Paulo a

Nosso pacotinho: carregando Felipe recém-nascido

publicar receitas de bolo e versos do maior poeta português no espaço das matérias censuradas, e até nós, os desligados, ficávamos sabendo dos atentados, da tortura, do que acontecia nos porões do DOI-Codi. Ao mesmo tempo que, depois de anos de massacre, terminou a Guerra do Vietnã. Mudando de assunto, li, em algum lugar, que "quem não fumasse nos anos 1970 era um bundão" – eu fumava e tinha certeza de que não era um bundão, mas que as festinhas eram envoltas em uma nuvem de nicotina lá isso eram, e beijar algumas garotas era como lamber um cinzeiro, mas, com os hormônios a mil, quem ligava? Era engraçado nas viagens internacionais perceber que, depois que o sinal de "não fumar" apagava, o avião inteiro acendia o cigarro ao mesmo tempo, e quem não fumava passava mal. Depois de um tempo os aviões passaram a ter um setor só para fumantes e mais tarde foi proibido fumar a bordo, graças aos céus.

•••

E assim eu, na minha vida de marido responsável e desligado do lado escuro do país, fui entrando nos anos 1980, que começaram com o assassinato de um dos cantores e compositores ingleses de maior sucesso – guitarrista de uma banda de rock (que já tinha se desfeito) que afirmava que seu conjunto era mais popular do que Jesus Cristo, e que no momento voava solo e fazia um tremendo sucesso –, por um fã maluco à porta do famoso edifício onde morava em Nova York. Em 1981, nós assistimos à maior palhaçada da década: o atentado do Riocentro, quando uma bomba explodiu no colo de um sargento, em um Puma estacionado em frente ao lugar onde acontecia um show comemorativo do Dia do Trabalhador. A extrema direita acabava de dar um tiro no pé (pretendiam responsabilizar a esquerda, tipo de comportamento que ambos os lados assumiam com frequência) e entregava de bandeja o comando do país para aqueles que acreditavam na redemocratização, o que se deu quatro anos mais tarde. No ano seguinte foi nossa Pimentinha, a maior voz do Brasil, que morreu, superjovem, em decorrência de uma overdose. Uma perda e tanto para a música popular brasileira. Foi nessa década que surgiram os CDs, dando adeus à velha e boa bolacha, como era chamado o LP (long play). A indústria da tecnologia começou a aprimorar os PCs, o walkman e o videocassete, que provocou a maior polêmica, porque se acreditava que as pessoas não iriam mais sair de casa para ir ao cinema... o que não aconteceu, claro, porque nada melhor do que um bom filme na sala escura, com aquele telão e um saco de pipoca na mão. E, para preocupação mundial, surgiu a aids, a síndrome da imunodeficiência adquirida, provocada pelo vírus HIV.

APERTANDO OS CINTOS PELO PAÍS

Considerada a década perdida, por causa da estagnação econômica e dos muitos planos fracassados, o fato mais marcante dos anos 1980 foi o movimento Diretas Já, que levou milhares de pessoas às ruas e culminou com a eleição, ainda indireta, de Tancredo Neves para presidente. Como quando a esmola é demais o santo desconfia, o nosso salvador da pátria morreu antes mesmo de assumir (os teóricos da conspiração acreditam que ele foi morto... eu sei lá!), e seu vice, José Sarney, tornou-se presidente, prometendo eleições diretas para 1989.

O governo Sarney foi curioso para nós, empresários. Por um lado, com a inflação disparada, quem tivesse caixa ganhava muito no overnight (aplicação financeira) e garantia em um dia a folha de pagamento do mês. Por outro, as negociações com os supermercados eram complexas. Tínhamos de remarcar os preços todos os dias, e o índice de reajuste da moeda era divulgado só na virada do mês. Os supermercados esperavam o último dia para fazer seus pedidos e assim também ganhar na diferença entre os valores no momento do pedido e na chegada da mercadoria. Durante um tempo houve o congelamento dos preços (tudo em nome da saúde financeira do país), ou seja, para nós o produto estava custando, por exemplo, $ 6 (dinheiro da época), e éramos obrigados a revender por $ 4 (o mesmo valor da época do congelamento); como seria possível sobreviver com essa política econômica? Cheguei a tirar meus produtos das prateleiras e a criar uma nova marca para poder atualizar o preço. Nós tínhamos de ser muito criativos para não fechar as portas e morrer na praia.

•••

ENQUANTO ISSO... Nas primeiras eleições diretas depois de mais de 20 anos de ditadura, foi eleito Fernando Collor de Mello, político do Nordeste praticamente desconhecido que, correndo por fora, bateu os favoritos e levou a Presidência. Assumiu no ano seguinte e... sua primeira medida foi sequestrar as poupanças de todos aqueles que tivessem mais de 50 cruzados novos (moeda da época) por 18 meses, como medida para conter a inflação, um blefe que levou a dita-cuja a atingir o patamar de cerca de 2.000% ao ano. Eu me lembro de que, quando a medida foi anunciada, eu estava no supermercado com a Fernanda e as compras tinham dado $ 80. Devolvemos tudo – nós não podíamos ficar sem aqueles $ 50, sem saber o que viria depois. Lembro-me também do momento em que a ministra da Fazenda anunciava o plano na televisão, e ninguém entendia nada, nem a grande jornalista de economia que a entrevistava, que foi ficando irritada e nervosa, porque aquela senhora não conseguia se fazer entender, pontuando tudo o que falava com polegar e indicador formando um irritante ganchinho. O caos foi tamanho que, tempos depois, levou milhares de caras pintadas para as ruas para pedir o impeachment de Fernando Collor, que acabou deixando o cargo dois anos depois de assumir e entregou o governo para seu vice, Itamar Franco. Pouca gente sabia quem era ele, e talvez nem soubesse que, curiosamente, havia nascido no "mar territorial brasileiro". O que viria por aí? Por incrível que pareça, uma surpresa boa.

– Capítulo 9 –

Os piores anos da minha vida – parte 1

A vida foi seguindo seu rumo, para mim sempre um mar de rosas e poucos espinhos. Amigos com filhos, casa da cunhada na praia, carreiras indo de vento em popa, muitas brincadeiras, bagunça e alegria.

Eu gostava da minha vida e das minhas tarefas de pai. Acordava às seis horas para levar o Felipe para a escola – ele sempre queria chegar um pouco mais cedo para jogar pebolim – e costumava fazer as compras no supermercado. Nossos programas eram quase sempre com casais com filhos, na casa dos meus sogros e, nos fins de semana, na praia.

Morávamos em uma casa que ficava em uma rua perto de uma pracinha, onde todos os natais Fernanda organizava uma festa e eu era o Papai Noel. Era uma farra. Eu tinha uma fantasia feita sob medida, maquiagem executada por um profissional de televisão, uma barriga de respeito, igual à dos Papais Noéis dos shoppings, e barba que parecia de verdade. Como eu conhecia toda a criançada, sabia tudo o que acontecia com elas, o que elas queriam ganhar, se tinham sido boazinhas ou não;

A mulher e a casa dos meus sonhos

era fácil tirar uma onda com elas e depois dar um presente. E nunca nenhuma delas me reconheceu, nem pelo meu vozeirão (pelo menos eu acho).

BASTIDORES *Fernanda e eu sempre fomos muito festeiros. Principalmente ela. Íamos a festas ou recebíamos em casa. Os aperitivos na nossa casa na praia eram famosos e concorridos. Uma vez inventei uma festa "only for men", num café meio suspeito que começava a despontar. Foi um auê entre as esposas, que não queriam deixar que os maridos fossem. Mas como a Fernanda tinha achado graça e dado o maior apoio... fechei o lugar por uma tarde, e lá fomos nós, um bando de homens casados, alguns figurões. Não aconteceu nada de mais, só diversão e farra, muita bebedeira (ainda que eu quase nunca beba, e nas raras vezes em que bebi tomei* *porres monumentais e inesquecíveis), dança com as moças e mais nada. Acredite se quiser: uma das esposas foi deixar e buscar o marido na porta... Como ainda não existia telefone celular, ela não tinha como monitorar o marido para saber a que horas ele estaria em casa. Foi uma tarde divertida, diferente e sem nenhuma sacanagem. Rendeu muita mídia e acredito que ajudamos a alavancar o lugar, que acabava de abrir.*

Sentia-se, claramente, que a revolução industrial estava acabando e iniciava-se a era da tecnologia, com a chegada dos microcomputadores e a proposta de que, em pouco tempo, todas as casas teriam um PC – computador pessoal. Acreditando que as inovações tecnológicas tinham vindo para ficar, nós demos início na empresa ao processo de informatização.

SONHO DE AREIA

Nós sempre íamos para uma praia no litoral norte de São Paulo, onde minha cunhada tinha casa, o que era uma delícia, até que decidimos construir "a nossa casa na praia". Compramos um terreno na mesma praia e construímos a casa dos nossos sonhos. Nada muito grande, espaço suficiente para o trio que éramos.

BASTIDORES *Se para o mundo a década parecia promissora econômica e politicamente com o fim da Guerra Fria, o colapso da União Soviética e a recente queda do Muro de Berlim, aqui na terrinha as coisas não iam tão bem. A instabilidade corria solta, e era comum ver nos supermercados os funcionários, de maquininha na mão, remarcando os preços duas vezes ao dia. Cansei de ver consumidores, ao perceber que o funcionário estava chegando perto de um determinado produto, correrem para pegar o produto ainda com preço antigo.*

Quando a obra da casa da praia acabou e começou a fase de decoração, resolvemos ir para Nova York com um amigo decorador para que ele nos ajudasse a comprar coisas para a casa. Durante a viagem, Fernanda começou a se sentir muito cansada e a reclamar de falta de ar.

Quando voltamos para São Paulo, fomos primeiro a um otorrino, que nos mandou procurar um cardiologista, que por sua vez pediu a ela que se internasse no melhor hospital da cidade para fazer uma batelada de exames. Depois de virarem Fernanda do avesso, veio o resultado: linfoma não Hodgkin e um derramamento de líquido no pulmão (que era o que a deixava cansada).

O caso era gravíssimo e o tumor de um grau muito alto. Perdi meu chão, meu norte, meu leste, meu oeste. Não tinha mais bússola. Aliás, todos nós perdemos, nós dois, a família dela, a minha, nossos amigos. Fernanda sabia da missa a metade, e nunca deixou de acreditar que se curaria. Eu entrava na dela, lutando com todas as minhas forças, fazendo o que podia e o que não podia para que ela tivesse o melhor tratamento e sofresse o menos possível. E ao mesmo tempo pilotando a empresa, em uma época complicada como o começo dos anos 1990, e tomando conta das duas casas e de nosso filho de 10 anos, que era alucinado pela mãe. Como se explica para uma criança uma coisa dessas? Era minha primeira experiência como pai (crianças deveriam vir com manual de instruções), eu tentava fazer o meu melhor, mas ainda tenho dúvidas se consegui ou não.

Depois de drenarem o líquido do pulmão de Fernanda, começaram as terríveis sessões de quimioterapia. O ano era 1991, e, por mais avançada que a ciência estivesse naquele momento, o tratamento era muito pesado. A cada 21 dias eu a levava para o hospital e via matarem a minha mulher com líquidos vermelhos e amarelos, em uma sala cheia de pessoas passando pela mesma situação em diferentes graus. Aquele ambiente era como o mapa do inferno e deixava o doente e a família ainda mais deprimidos. Decidimos que ela faria o tratamento em um quarto do hospital, com mais privacidade. Quando voltávamos para casa, durante uma semana ela se sentia muito, muito mal. O cabelo caiu (vaidosa, eu nunca a vi sem lenço ou peruca), ela foi perdendo peso, cor e ficando debilitada. E, quando começava a se sentir melhor, batalhadora que era, juntava as forças que tinha e ia trabalhar.

BASTIDORES *A dona da loja, com quem Fernanda trabalhava diretamente, mandou fazer para ela uma peruca com cabelos verdadeiros, perfeita. Pedia ao motorista que levasse Fernanda aonde ela precisasse ir, mandava fazer comidas substanciosas e gostosas que deixava na nossa casa, cuidava dela com tanto carinho que eu só posso sentir eterna admiração e gratidão por essa mulher. Mal sabia ela que, anos mais tarde, passaria pelo mesmo sofrimento.*

O protocolo recomendava nove sessões de quimioterapia, que corresponderam a uns seis ou sete meses de puro calvário. Quando a tortura acabou, veio o resultado: o tratamento não tinha dado certo. De novo, ficamos totalmente perdidos. O oncologista que cuidava dela aconselhou-nos a tentar um tratamento novo, revolucionário, que começava a ser aplicado em um hospital em Houston, no Texas, nos Estados Unidos, um transplante de medula óssea que prometia bons resultados. O médico ligou para o tal hospital, centro de referência mundial no tratamento da doença, para expor o caso e tentar fazer com que aceitassem Fernanda. Depois de muitas tratativas, ele nos disse que ela poderia passar pelo tratamento, mas antes seria preciso providenciar duas coisas: encontrar um doador – de todas as irmãs (eram cinco), a caçula era a única compatível, que prontamente aceitou a missão de ajudar a curar a irmã; e uma consulta com "a" especialista do hospital americano, que faria uma pré-avaliação – era ela que daria a palavra final: sim ou não. Falando um inglês bem meia-boca, fomos os dois para Houston. Fernanda passou pela consulta com a tal doutora e marcamos de voltar, para dar início ao tratamento, dali a dois meses, quando aconteceria o grande e esperado milagre. O preço do tratamento: astronômico. Onde eu iria arrumar aquele dinheiro todo?

Minha família sempre foi muito solidária. Fizemos uma vaquinha na empresa e entre meus irmãos, e ouvi deles: "Vai pra lá que a gente segura a onda aqui". Dois meses depois voltamos para o Texas, onde ficaríamos outros dois meses. Alugamos um apartamento, um carro, e no dia seguinte chegaram a caçula doadora, acompanhada pela irmã mais velha, que fez questão de ficar nos Estados Unidos pelo tempo em que Fernanda estivesse em tratamento – duas das irmãs Meinberg, uma família sensacional, muito unida, muito religiosa, que se ama muito, e que eu amo muito.

BASTIDORES *Antes de Fernanda ser internada, ela foi examinada dos pés à cabeça e descobriram um abscesso no dente que precisava ser tratado. O dentista americano foi um cavalo com ela e eu fiquei tão louco que nem o bom senso do Carlos me segurou. Não gosto que machuquem meus queridos.*

No dia seguinte à chegada da caçula, as duas foram internadas. Fernanda em uma sala, a irmã em outra. Fernanda já não andava mais, o câncer tinha se espalhado para os ossos. Nunca vou me esquecer desse dia: minha cunhada ao meu lado, Fernanda na cadeira de rodas vestindo aquela bata de hospital, e eu empurrando a cadeira de rodas por uma subida que parecia não ter fim, com uma dezena de avisos de "cuidado: radiação" pregados nas paredes, e no final uma porta de aço com um enorme X marcado no chão. *No trespassing.*

A partir dali era proibida a passagem. Beijos, abraços, choro, mais beijos e, quando a porta se abriu, duas pessoas vestidas de astronauta estavam esperando por ela. Parecia uma cena de filme de ficção científica. Minha mulher ia ficar lá dentro, passando os piores momentos da vida dela e sozinha. Não dormi nem um minuto naquela noite, revivendo aquela cena bizarra, imaginando o que estaria passando pela cabecinha dela.

Quando voltamos, no dia seguinte, fomos instalados em um andar redondo, cercado por uma espécie de corredor reservado para as famílias. Um vidro nos separava do que acontecia do outro lado. Em uma sequência de baias ficavam os pacientes e o balcão da enfermagem. O espaço era hermeticamente fechado. O contato dos familiares com o doente era feito por um microfone; ele ouvia, respondia e vice-versa. Passávamos quase o dia inteiro lá, lendo para Fernanda, conversando, fazendo brincadeiras para ela se distrair. Quando ela se cansava, pedia para dormir e nós aproveitávamos para sair para almoçar, jantar ou voltar para o hotel. Nesse tempo todo em que estivemos confinados naquele corredor, acabamos conhecendo algumas famílias que vinham de várias partes do mundo cheias de esperança, como nós, ficamos sabendo de cada caso e de sua gravidade, torcendo para que todos eles tivessem um final feliz, o mesmo que desejávamos para nossa amada Fernanda. Às vezes chegávamos e não víamos uma das famílias nem o seu doente, e ficávamos sabendo que ele tinha falecido. Era uma sensação terrível, éramos tomados por uma tristeza imensa e torcíamos para que nossa Fernanda se recuperasse.

BASTIDORES *O transplante é feito primeiro destruindo-se a medula do paciente que vai receber a medula nova. A medula do doador é retirada, guardada numa bolsa e mantida em temperatura bem baixa para poder ser transportada até onde acontecerá o transplante. A medula doente e morta é retirada e a nova e saudável é injetada no lugar. Em poucos dias o doador é liberado. É preciso esperar um tempo até que a nova medula comece a fabricar leucócitos.*

Feito o transplante, todos os dias nós íamos conferir, em um relatório, se os leucócitos de Fernanda tinham subido. E cada dia era uma agonia. Só depois de 15 dias eles deram sinal de vida, e foi uma festa. Significava que o transplante tinha dado certo e que ela estava no bom caminho. Aleluia, obrigado, meu Deus! Depois de alguns dias os pais dela chegaram para me render e eu voltei para o Brasil. Precisava trabalhar. Três dias mais tarde me ligaram do hospital com a notícia: era um engano, o transplante não tinha dado certo e Fernanda pedia que eu voltasse para Houston, queria ficar comigo, o marido dela, e mais ninguém. A gente se amava demais. Peguei o primeiro avião e encontrei uma Fernanda que eu não reconhecia naquele fiapo de gente, sem nenhuma energia e com muita dor. E mesmo se sentindo muito mal ela não se rendia e acreditava que iria se curar. No dia em que deixamos o hospital para voltar para o Brasil, ela se despediu do médico dizendo: "Ainda vou te mandar um cartão de Natal". E o imbecil respondeu que ela não iria mandar nenhum cartão. Queria matar o idiota.

BASTIDORES *Num belo dia, depois de passar a manhã com a Fernanda até ela querer dormir, fui almoçar com minhas cunhadas. Pegamos o carro e, como uma delas fumava, quando o cigarro acabou ela jogou a bituca pela janela. Imediatamente ouvimos a sirene da polícia, que me mandou* *encostar e me deu voz de prisão (acho que eu também estava acima da velocidade). Fui algemado, me puseram em um camburão e me levaram sem mais explicações e sem me dizer para onde. Ninguém queria ouvir o que eu tinha para contar. Queria matar o arrogante guarda vietnamita que tinha me levado. Chegamos a uma garagem. Desci do camburão e me trancaram em uma gaiolinha. Entrei em parafuso. Estava vivendo o pior momento da minha vida, minha mulher estava muito doente, eu estava em um país estranho apostando minhas últimas fichas em sua cura e tinha sido preso! Espertas, minhas cunhadas seguiram o carro da polícia, chegaram à delegacia onde eu estava, falaram com o xerife e uma delas pagou minha fiança. Quando eu me vi livre, tive uma crise de choro e não conseguia parar. Podia ter passado sem essa.*

– *Capítulo 10* –

Os piores anos da minha vida – parte 2

A volta para casa foi horrível. Eu levava comigo não a mulher que eu amava, mas um corpo com um fio de vida. Ela tinha de viajar deitada, por isso, comprei três assentos no avião, para que ela pudesse ficar deitada com a cabeça no meu colo. A sensibilidade da tripulação americana foi inacreditável: a aeromoça insistia para que ela se sentasse e afivelasse o cinto na decolagem e no pouso. Mesmo que eu tentasse explicar, com meu parco inglês, o estado em que Fernanda se encontrava, ela podia ver com seus próprios olhos quão grave era o estado dela. Mas a aeromoça era irredutível: tinha de sentar e afivelar o cinto. Foi uma discussão feia. Meu vozeirão bem alterado, até que veio o comandante, que rapidamente percebeu a gravidade da situação e permitiu que Fernanda viajasse deitada e sem cinto. Como se não bastasse, minha querida Fernanda tinha tido cistite hemorrágica e a cada meia hora precisava ir ao banheiro. Eu a levantava com o maior cuidado e carinho, a levava até o banheiro e a trazia de volta, ajudava a se acomodar e me sentava com a cabeça dela no colo.

BASTIDORES *Anos depois, não me lembro onde, uma pessoa que eu não conhecia me abordou e perguntou se não era eu que estava no voo tal, vindo de Houston, com a mulher muito doente. Eu disse que sim, que ela tinha falecido; ele me deu os pêsames e me respondeu que nunca tinha se esquecido da cena em que eu me levantava e com todo o carinho levava Fernanda até o banheiro, dezenas de vezes, a noite inteira. Foi um encontro forte e um comentário tão emocionado e carinhoso que nunca esqueci.*

Por que uma pessoa tão boa e iluminada como ela precisava passar por tudo isso? Eu perguntava para Deus. Nesse momento cheguei a duvidar da minha fé. Quando aterrissamos, o carro com motorista de uma prima, grande o suficiente para que ela ficasse deitada, esperava por nós na pista do aeroporto, e fomos embora sem nem passar pela alfândega.

BASTIDORES *No meio da pista expressa da Marginal Fernanda sentiu vontade de ir ao banheiro. O motorista não teve dúvida: foi cruzando todas as pistas da avenida, subindo pelos canteiros, até conseguir parar em um grande supermercado. Um santo e um ás no volante.*

Fomos para casa e no dia seguinte ela voltou para o hospital. E começou uma nova provação. Os médicos queriam tentar de tudo, cogitaram operá-la, mas não fazia mais sentido. Nada do que eles sugerissem devolveria a vida a ela, só prolongaria seu sofrimento. Foi quando chamei o médico e, como sou mandão, avisei que todas as decisões teriam de ser tomadas por mim, ninguém faria nada com Fernanda sem falar primeiro comigo.

Foi muito louco o que senti nessa última estada no hospital. Sou católico, vou à missa, rezo, tenho um pequeno altar na minha casa com uma imagem de São Judas sempre com rosas brancas frescas e uma vela acesa. Mas, naquele momento, ver as nossas famílias e as dezenas de amigos que vinham visitá-la e ficavam rezando me incomodava e eu ficava muito bravo. Talvez fosse por ver a mulher que eu amava de paixão passando pelas piores torturas para nada, tomando morfina, o corpo todo tomado pela doença, começando a ficar roxa e inchada. E eu ali, de mãos atadas, só podendo ficar no quarto o tempo inteiro com ela. Foram 45 dias de um sofrimento atroz, para ela, principalmente, e para nós, que assistíamos a tudo impotentes. Até que ela foi sedada. Talvez por ser muito moça ou por serem outros tempos, Fernanda demorou uma semana para morrer.

BASTIDORES *Um dia fui à lanchonete tomar café e uma enfermeira veio falar comigo. Com todo o respeito e cuidado, ela me contou que era espírita e disse que, enquanto eu ficasse no quarto, Fernanda não iria embora. E me mandou para casa descansar. Não sei por que agradeci e obedeci. Pedi à minha irmã que ficasse no quarto enquanto eu ia até em casa. Quando saí do banho o telefone tocou. Eu já sabia o que era: Fernanda tinha partido...*

Fiquei devastado, sem eira nem beira, sem chão e sem céu. Eu tinha 38 anos e ela 34, éramos muito jovens, tínhamos um filho de 11 anos para criar, uma vida toda pela frente, não era para ser assim, era para vivermos felizes para sempre. Chorei até ficar sem lágrimas, lavei o rosto e com meu lado Carlos me levando pela mão fui buscar o Felipe no colégio. Fui direto para a reitoria e dom Geraldo estava lá. Era o abade do colégio, um santo padre que toda semana ia até nossa casa ou ao hospital para rezar com Fernanda. Fomos juntos até a classe, dom Geraldo chamou a professora, explicou o que tinha acontecido, ela chamou o Felipe, que já imaginava do que se tratava. Explicamos que a mãe dele tinha ido para o céu, e a professora querida disse a ele: "A gente gosta muito de você". Fomos para o hospital. Soube depois que a molecada da classe ficou tão chocada que não teve mais aula. Eles eram muito jovens para entender que as mães das crianças podem morrer. Como a mãe do Bambi.

Minhas cunhadas e nossos amigos me ajudaram bastante. Toda a burocracia, alguém resolveu para mim. Eu só sabia que tinha perdido o amor da minha vida e sentia uma dor enorme apertando meu peito. Estava preocupado com o Felipe, mas acho que, naquele momento, ele estava enfrentando melhor que eu a morte da mãe. Não sei se por ser criança e não entender direito a dimensão do que tinha acontecido ou por ter engolido uma dor que precisava ser posta para fora. Lembro-me bem do velório, do enterro (situações que não desejo para meu pior inimigo), da missa de sétimo dia – que foi na capela do colégio, celebrada por dom Geraldo –, que o Felipe leu um trecho da Bíblia e eu falei algumas palavras de improviso. Todos os alunos estavam presentes, mais os nossos amigos e nossas famílias. Eu me senti muito querido e apoiado.

BASTIDORES *Fernanda era tranquila, e eu, estourado; ela era sensata, e eu perdia a cabeça – um bom equilíbrio, acho. Só me lembro de uma briga que tivemos, quando ainda éramos namorados, por ciúme meu: ela estava usando o relógio que tinha sido de um antigo namorado. No meio da discussão, ela tirou o relógio do pulso e o jogou na parede. Fim de papo. Nunca mais brigamos.*

Acabada a missa de sétimo dia, a vida tinha de voltar aos eixos. Os amigos seguem com suas rotinas e você fica lá, perdido no meio do nada. Eu não sabia o que fazer. Estava viúvo, sozinho, com um filho de 11 anos para educar, uma empresa para tocar, duas casas para administrar e sete afilhados para paparicar. E, como era a Fernanda que era boa nessa administração, eu virei um trapalhão tentando imitar tudo que ela fazia: comprei um monte de porta-retratos para o Felipe levar para as mães das crianças nas festinhas (claro que a imaginação da Fernanda, em termos de presentes, era bem melhor que a minha); continuei fazendo o supermercado e levando o Felipe à escola; mantive todas as pessoas que trabalhavam com a gente; espalhei fotos dela pela casa toda; e tratei de terminar a casa da praia. Eu precisava reorganizar minha vida, me ocupar para não pensar. Em pouquíssimo tempo minhas cunhadas desmontaram os armários de Fernanda e doaram as roupas e todas as coisas dela. Aquele vazio, ao entrar no quarto ou no banheiro, me enchia de dor.

BASTIDORES *Na lápide do túmulo de Fernanda pedi que gravassem "Fernanda do Carlito, Carlito da Fernanda, a junção dos nossos nomes era o nosso sobrenome".*

Eu precisava seguir em frente, nós precisávamos, o Felipe e eu, e talvez tenha sido por isso que eu pensei em vender a casa onde morávamos – eram muitas lembranças. Como não apareceu nenhum comprador, decidi pôr a casa abaixo e construir outra no lugar, onde moro até hoje. Contratei o mesmo arquiteto que fez a casa da praia, que ficou responsável por criar um projeto completamente diferente do anterior. Enquanto a casa era construída, Felipe, a equipe e eu nos mudamos para um apartamento pequeno no Itaim. Era outro cenário, nenhuma lembrança. Talvez tenha sido nessa fase que nós dois tenhamos começado a nos recuperar.

Decidi decorar a casa da praia (que Fernanda tinha chegado a ver pronta) com tudo o que tínhamos comprado, que ainda estava guardado nas caixas. Quando ficou tudo em ordem e no lugar, achei que seria uma boa ideia convidar meus sogros para passarem o fim de semana comigo lá. Não foi. Ficamos todos muito tristes e tensos. Faltava ela. Sabe aquela música do Nelson Gonçalves? *Naquela mesa tá faltando ela e a saudade dela tá doendo em mim...*

SAI DESSA, CARA *Nunca fui de ficar me lamentando, mas eu tinha levado um golpe e tanto. Com a ajuda do meu Carlos, dos amigos do Felipe, que não saíam da minha casa, gostavam de mim e eu deles, e das minhas amigas, o eu Carlito foi começando a voltar a viver. Essa criançada amiga do meu filho, que eu vi crescer, foi preciosa para minha recuperação. Éramos muito próximos, eles tinham liberdade para ter comigo as conversas mais particulares, e esse carinho puro e juvenil me fez muito bem. Eu convidava uma molecada para passar o fim de semana na praia com o Felipe e comigo, e, como tinha montado uma lanchonete no terraço de casa, o jantar era hambúrguer ou cachorro-quente. E que apetite eles tinham! Em um único jantar eles comeram 36 pães, ou seja, uma média de três ou quatro sanduíches por garoto, fora os refrigerantes,* milk-shakes, *batatinhas e sorvetes.*

•••

ENQUANTO ISSO... Dois anos depois de a Fernanda ter partido vivemos um dos momentos mais tristes do país. Nosso grande herói, tricampeão mundial de automobilismo, bateu seu carro depois de perder a direção na curva Tamburello, durante o Grande Prêmio de San Marino, em Ímola, na Itália, chocando-se, de frente, contra o muro de concreto. Como todas as vezes em que ele se acidentava saía do carro, tirava o capacete e vinha caminhando tranquilamente pela pista, fiquei esperando a cena se repetir. Nada. O tempo foi passando e ele não aparecia andando em direção aos boxes. O locutor foi ficando nervoso, a equipe organizadora se aproximou do carro destruído, e ele estava lá imóvel. Os primeiros socorros foram feitos na pista, com o piloto deitado ao lado do carro, até chegar o helicóptero que o levou ao hospital, onde horas depois foi atestada sua morte. Um dolorido silêncio pousou sobre o Brasil naquele domingo Dia do Trabalhador. Amantes ou não de Fórmula 1 estavam chocados. Uma semana mais tarde, quando o corpo do piloto aterrissou em São Paulo, eu não fui trabalhar. Milhares de pessoas aguardavam por ele no aeroporto e pelas avenidas da cidade por onde o caminhão do Corpo de Bombeiros, levando o caixão com o corpo do piloto, passaria. Eu estava lá, na Avenida 23 de Maio, em meio à multidão, chorando de tristeza, e fui até a Assembleia Legislativa, onde ele foi velado, dar o meu último adeus a esse grande ídolo. Não consigo imaginar quem mais seria capaz de levar tanta gente às ruas e causar tanta comoção. Chego a pensar que o país precisava extravasar algum sentimento represado. Aquela foi uma corrida amaldiçoada – no sábado, durante os treinos, o piloto austríaco Roland Ratzenberger morreu em um terrível acidente; na sexta-feira, nosso eterno e querido segundo lugar, Rubens Barrichello, envolveu-se em outro acidente, fraturou o nariz e não pôde correr no domingo, e dois incidentes com pneus que voaram da pista e dos boxes feriram torcedores e mecânicos. Como disse um jornalista da Globo: "Essa era uma notícia que a gente nunca gostaria de dar".

– *Capítulo 11* –

Pequeno grande príncipe

A infância do nosso pacotinho foi igual à de qualquer garoto; sua vida era o colégio e os amigos do colégio, até a perda da mãe. Acho que ele não assimilou tão bem o que tinha acontecido como eu imaginava, sentia falta da mãe. Eu também sentia falta dela, mas não sabia direito o que fazer com a dor daquele garoto. Talvez eu tenha tentado substituir a mãe, ser pai-mãe, mas mãe é mãe, é insubstituível, e devo ter trocado os pés pelas mãos muitas vezes, sem perceber.

Depois que Fernanda se foi, e percebendo que as professoras e o diretor, dom Geraldo, faziam tudo o que ele queria, Felipe se aproveitou da situação para pôr as manguinhas de fora. Às vezes não entrava na sala de aula para ficar brincando, jogando bola, e ninguém falava nada, afinal ele tinha perdido a mãe... Ele era o protegido de dom Geraldo, que o levava, de vez em quando, para almoçar no Mosteiro de São Bento. O colégio era do tipo semi-internato – as crianças almoçavam na escola, faziam atividades físicas, e as aulas acabavam às 16 horas, quando o motorista da casa já estava na porta esperando para levar o garoto ao clube para praticar judô ou para as aulas de inglês. Na escola, Felipe foi se aproveitando da situação, dando a volta em dom Geraldo e nas professoras, e acabou repetindo o ano (mas tudo bem, ele tinha perdido a mãe...). Quanto mais ele crescia, mais abria as asinhas, e, quando dom Geraldo foi transferido para Roma, Felipe acabou deixando o colégio também: a mamata ia acabar.

A partir desse momento as coisas só foram piorando. Ele foi trocando de escola (puxou a mim, será?), começou a ficar deprimido, não queria fazer terapia porque achava chato. E eu sem saber o que fazer. Errava e acertava na mesma proporção, já que tomava as decisões sozinho. Hoje, com mais de 30 anos, Felipe fala que eu me "casei" com ele. E até pode ser verdade: ainda mando fazer faxina na casa dele, deixar uma comidinha pronta, e muita coisa que eu compro para mim compro para ele. "É uma mãe", ele brinca, falando seriamente que quer "fazer um divórcio amigável", no que até tem razão, porque precisa se virar sozinho. Mas acho que, como a maioria das mães, embora já more sozinho há um tempão, eu vou ficar arrasado se não puder mimar meu pacotinho (hoje homem feito, barbado, dono do dinheiro e do nariz dele).

Ser pai do Felipe não é (nem foi) tarefa fácil, era (e é) uma superação diária. Ele é um cara complexo, denso, o meu oposto em tudo. E, para mim, pelo menos, é difícil entender como ele pode ser tão diferente de mim, e que essa diferença não é certa ou errada, boa ou ruim: é só diferente.

Esses anos todos foram um duro aprendizado para mim. Sempre trabalhei com indústria e comércio e aprendi a cumprir horários para ganhar a vida. Ver meu filho procurando caminhos alternativos para sua jornada, trabalhando para transformar a vida dos menos favorecidos, em horários diferentes do tradicional "das 9 às 18 horas", para mim, que sou um cara convencional, é complicado assimilar. Herdei valores dos meus pais que cheguei a achar que eram caretice, que não usei na educação do meu filho, e me questiono se fiz o melhor ou não. E me lembro daquela música que a nossa Pimentinha cantava: *"Minha dor é perceber que apesar de termos feito tudo o que fizemos, ainda somos os mesmos e vivemos como os nossos pais..."*.

Felipe sempre foi um cara legal, de uma inteligência aguçada pelo desejo de aprender (mesmo que não tivesse sido o melhor aluno da escola), divertido, dono de um humor afiado e bem particular. Quando decidi demolir a casa e construir outra no lugar, fomos morar em um apartamento alugado. Quando chegávamos em casa, eu pedia a ele que fosse chamando o elevador, e ele e um rapaz que trabalhava em casa ficavam gritando, naquele visor da porta: "elevador, elevador!", palhaçadas que descritas assim podem parecer bobas, mas na hora eram muito engraçadas.

Hoje o Felipe é um cara estudioso e com múltiplos interesses. Ele se formou em Marketing na UNIP (fora outros cursos) e durante dez anos trabalhou como redator em uma agência de publicidade presente em quase todo o mundo, tendo ganhado vários prêmios, como o WordPress Awards e dois shortlists em Cannes.

•••

ENQUANTO ISSO... Muitas pessoas podem se lembrar de Itamar Franco por causa de seu topete branco, que fazia com que ele parecesse uma cacatua, e da foto em que ele aparece, num camarote no Carnaval de 1994 na Sapucaí, ao lado de uma modelo que estava sem calcinha, que chacoalhou Brasília e fez furor na mídia nacional e internacional (diz ela que não procurava seus dez minutos de fama, que depois entrou em depressão e hoje vive em Roma). Esquecem que, não fosse ele, o Plano Real nem teria sido implantado e o país não teria vivido seu raro período de estabilidade econômica. Então ministro da Fazenda, Fernando Henrique Cardoso, mesmo sem ser economista ou político, levou os louros da estabilidade e elegeu-se presidente da República duas vezes. Seu primeiro mandato foi de uma tranquilidade havia muito desconhecida; já no segundo, o sistema de bandas cambiais mostrou-se frágil e a economia sofreu forte impacto, o que sempre respinga em nós, industriais.

•••

A certa altura do campeonato, Felipe decidiu ir para a Espanha com um amigo. Ficou três anos estudando em Barcelona e um ano em Madri, trabalhando na filial espanhola da agência para a qual trabalhava aqui. Antes de voltar para o Brasil, ele decidiu fazer o Caminho de Santiago de Compostela, e nessa longa caminhada se deu conta de que aquele jeito "certinho" de viver não era para ele.

Ao chegar, pediu demissão da agência, foi tentando vários outros projetos e acabou montando uma produtora de cinema fora de São Paulo. Um ano depois estava de volta, e, como o apartamento dele estava alugado, veio morar comigo. Estava decepcionado com todos os seus planos sonhados que não tinham dado certo. Mais uma vez eu me sentia de mãos atadas: se nós éramos o avesso um do outro, o que eu podia fazer? Arrumar um trabalho para ele em um escritório careta, vestindo terno e gravata, com pastinha na mão?

Um dia, logo que voltou da Espanha, ele entrou no meu escritório e pediu que eu lesse o e-mail que tinha mandado para mim. Não entendi por que, mas fiz o que me pediu. Ele estava em pé, atrás da minha cadeira, quieto. Conforme eu ia lendo, fui me dando conta de que aquelas palavras e frases com várias interpretações eram dedicadas a mim. Fiquei muito emocionado. Nosso relacionamento – para mim, pelo menos – sempre tinha sido como pisar em ovos, sempre com cuidado para não quebrar nenhum, e naquele e-mail ele escancarava sua admiração e seu amor por mim. Foi um momento muito intenso, e quanto mais eu lia, mais eu descobria novos significados naquele texto. Chorei muito. E aquela declaração de amor foi tão forte e bonita que mandei fazer um decalque e colei bem grande na parede do meu quarto.

POEMA AO PAI

Pai, não mereces cartas.
Foste perfeito em seus tortos atos.
Foste sempre herói.
Sempre fui tua cria, teu mimo, a menina dos teus olhos.
Me deste de mamar.
Educação rígida, ética intolerante e liberdade absoluta.
Fez-me quem nunca foste. Uma censura tangível.
Eu, que ainda fui-te quando pequeno. Serei-te quando crescer.
Mas farei tudo que não fizeste.
Seremos duas experiências únicas em dois corpos iguais.
Somos apenas, somos.
Castraste-me quando quiseste, privaste-me a teu gosto.
Fizeste-me humano, um homem mundano, descrente do engano.
Formou-me ético profano.
Meu porto seguro é paterno, moderno, um pai terno.

Sou tu, eras eu, em minha época, sua réplica.
Feito para fazer outra vez, o que o primeiro vivente não fez.
Juntos, sempre quebramos a linha do tempo.
Podemos reopinar as opções.
Refazer os atos.
Pensamos duas vezes antes de pensar.
Somos um número imensurável, inumerável,
Números pais, números filhos, somos relativos.
Sou grato por suas aspirações.
Por cada gota de sangue abdicada.
Amo cada moralidade, sou parte de suas saudades.
Devo-te uma vida toda.
Em biomoeda, hipotequei meu destino.
A mim mesmo, a outro humano em parcelas,
Sinto-me obrigado a parafrasear-te.
Copiando tuas dúvidas descubro tuas curiosidades.
Desvelo teus segredos desafiando teus medos.
Pai meu, sou-te a outra chance.
Sou-te o alter ego.
De teu ventre de amor nasci torto.
Fraco e malnascido, um humano falido, esmorecido.
Pai meu, sou-te a outra face.
Sou-te o limbo.
De tuas convicções aprendi da morte.
Forte e decidido, um humano aturdido, crescido.
Pai meu, amo-te como nunca amaste.
Amo-te até a nuca, por todo o córtex.
Por todos os dias.

Amo-te como a mim.
Pai meu, amo-te como nunca se amou.

Felipe Gini

Meu filho é aquele tipo de cara que tem um coração enorme, a sensibilidade à flor da pele, capaz de tirar a roupa do corpo e dar para um necessitado. Às vezes acho que ele chega a ser ingênuo de tão caridoso. É uma pessoa que pensa no outro, no planeta, e questiona tudo, desde o modo de vida dos seus amigos playboys (eles sabem que ele os chama assim e não ligam porque gostam dele) à forma como caminha a humanidade.

BASTIDORES *Uma vez, estava voltando para casa e vi um carro parado na rua, todas as portas abertas, um motoqueiro procurando ajuda e duas mulheres desesperadas. Encostei o carro e fui ver o que poderia fazer. Um homem de uns 40 anos estava dentro do carro, lívido, tendo um infarto. As mulheres aflitas eram a mãe e a filha dele, todos muito nervosos, o motociclista tentando chamar uma ambulância que não vinha nunca. Ofereci-me para levá-lo ao hospital, então, abaixamos um dos bancos traseiros do meu carro, o deitamos e fomos para o hospital* top *da cidade que fazia parte do convênio dele. Eu fui furando os semáforos, dirigindo na contramão – não tínhamos tempo a perder. Quando estávamos relativamente perto, dou de cara com o trânsito típico da subida para o Morumbi. Outro hospital muito bom estava logo ali, bastava virar a esquina. Foi o que fiz. Entrei correndo, a emergência foi acionada, o filho daquela senhora foi colocado em uma maca, entreguei meu cartão para a filha dele, caso precisassem de alguma coisa (eles eram de Santa Catarina), e não soube mais nada.*

Passaram-se meses e recebo uma carta linda daquele homem que esteve à beira da morte, me agradecendo por ter salvado a vida dele. Guardo essa carta com muito carinho. Nesse aspecto, Felipe e eu somos parecidos.

RECONHECIMENTO

Boa tarde, Sr. Carlos,

Queria agradecer pelo socorro que o senhor me prestou no dia 18/2/2016.

Não entrei em contato antes porque minha filha não sabia onde tinha deixado seu cartão, peço desculpas pela demora.

O seu ato me fez pensar que realmente não podemos deixar de acreditar nas pessoas.

Em meio ao caos de São Paulo, entre pessoas totalmente desconhecidas, eis que aparecem alguns anjos para me socorrer.

Eu creio verdadeiramente que Deus ouve orações, que ele usa as pessoas e envia seus anjos para nos ajudar!

Um motoqueiro que esteve ao nosso lado tentando acalmar minha mãe e minha filha, procurando chamar um socorro, já que tinha ligado várias vezes para o SAMU, polícia, bombeiro. A moça de uma escola de inglês lá perto, que se prontificou a guardar e ficar com a chave do meu carro.

O senhor, que assim que viu o que estava acontecendo, imediatamente se prontificou a me levar para o hospital, alterando sua rotina e seu trajeto.

Diante disso tudo, como deixar de acreditar na bondade das pessoas?

Jamais deixarei de acreditar que existem seres humanos especiais, como anjos terrenos que nos cercam com luz, força e sabedoria, assim como vocês.

Quero que saiba que serei eternamente agradecido, e sempre que precisar de qualquer coisa aqui em Santa Catarina, pode contar comigo.

Felizmente deu tudo certo e já estou na rotina novamente.
Um grande abraço...

Quando o Felipe soube que eu tinha ajudado um desconhecido que estava enfartando, ficou eufórico, me agradecia, me beijava, me lembrava de quanto éramos parecidos, que era de mim que ele tinha herdado essa característica de querer ajudar os outros, e me tratava como se eu fosse um herói, coisa que não sou, fiz apenas o que achei que deveria fazer. Ele é assim, intenso em suas emoções, em seus desejos, em suas crenças.

– *Capítulo 12* –

Um anjo em sua vida

Um belo dia Felipe me aparece no restaurante no qual éramos sócios com uma pérola chamada Daphne, diferente de todas as namoradas dele que eu tinha conhecido. Fui apresentado para a garota e para a mãe dela, que estava junto. O namoro foi engatando, os dois se apaixonando, as famílias se conheceram e se deram bem, até que os dois decidiram morar juntos. O Felipe estava tão bem, sua felicidade era tamanha que, por causa dela, que era judia, decidiu se converter ao judaísmo e combinaram que depois de um ano se casariam.

Eu estava nas nuvens; finalmente meu filho tinha encontrado uma joia rara, que sabia lidar com o lado sombrio dele, e Felipe estava exultante, produtivo, alegre, divertido, vivendo uma lua de mel diária. Passávamos todos por uma calmaria, bons ventos soprando, e o meu *brother*, meu pacotinho (que agora era um homem), em um de seus momentos mais tranquilos.

Algum tempo depois eu ia fazer aniversário e uma amiga me sugeriu: "Por que você não viaja com o Felipe e a Daphne?". Achei a ideia sensacional e escolhi a Disney World para comemorar. Tínhamos estado lá quando Felipe era pequeno, e achei que seria divertido estar em um parque de entretenimento. Foi espetacular.

Assim que chegamos, Felipe me convenceu a andar no "Incrível Hulk". Desavisado, entrei no carrinho e começamos a subir a então maior montanha-russa do mundo (pelo menos era; parece que está sendo inaugurada em Orlando, na Flórida, a Skyscraper, a primeira montanha--russa vertical do mundo, com 170 metros de altura e uma trajetória repleta de quedas, *loopings*, inversões – e com certeza virão outras ainda mais altas e mais apavorantes, no meu ponto de vista, claro!).

Eu só fui ter noção do que era aquele "brinquedo" quando, depois de mais de dois minutos, após ter subido 33 metros, feito sete inversões, vários *loopings* e atravessado dois trechos subterrâneos, o carrinho parou e eu pude descer, totalmente tonto, enjoado, acho que verde como o próprio Hulk. Foi uma das piores sensações que eu tive na vida. Outra dessas não me pega mais, nem que eu venha a ter um neto (meus amigos que já são avós fazem tudo que os netos querem) e ele queira ir com o vovô na montanha-russa mais alta do mundo.

Em compensação, o Mundo Mágico de Harry Potter me deixou encantado. Todo o trajeto no Expresso de Hogwarts era em 4D, realidade virtual. Quando você se dá conta, percebe que está voando na vassoura do bruxinho, conhecendo seus amigos, jogando quadribol; impressionante.

Essa viagem e a Daphne me aproximaram do meu filho. Éramos três crianças grandes brincando, nos divertindo, uma lembrança que ficou gravada no meu coração. A mesma sensação que tive na nossa apresentação no Show de Talentos, que acontece todos os anos em prol de uma creche, um espetáculo em que cantores amadores, todos conhecidos, soltam a voz. Eu adoro cantar, e, modéstia à parte, canto bem (pena que meu pai não tenha deixado que minha mãe me levasse ao programa da Record, pois talvez hoje eu fosse um cantor famoso e multimilionário). Em uma dessas apresentações convenci Felipe a subir ao palco comigo. Demos uma adaptada na música "Alma gêmea", ensaiamos mais ou menos e, na cara e na coragem, fomos. Quem apareceu primeiro no palco foi Felipe, que anunciou para a plateia: "Agora vou apresentar minha alma gêmea: meu pai, Carlito Gini". Quase não entrei em cena de tanta emoção. E fizemos um dueto que ficou tão lindo que as pessoas choraram e aplaudiram de pé. Foi emocionante.

Esses momentos de cumplicidade com meu filho me deixam sempre muito feliz, principalmente quando percebo que não parece mais que somos opostos, mas que os opostos se atraem e podem conviver juntos numa boa. (Lendo e relendo este texto, percebo que ainda procuro acertar com Felipe, como quando ele era pequeno, talvez ainda para suprir a falta da mãe, e que busco uma manifestação de seu amor por mim em cada fresta da nossa convivência.)

•••

ENQUANTO ISSO... A década de 1990 foi pródiga em ciência e tecnologia. Foi quando clonaram a ovelha Dolly, começou o projeto Genoma Humano, que hoje é uma realidade que ajuda, e muito, a ciência, e a nave Pathfinder, depois de dez meses navegando, pousou em Marte, deixando lá o veículo Sojourner para analisar as características do planeta vermelho. E também os telefones celulares e a internet se popularizaram, os CDs se transformaram em DVDs e caíram em desuso, os computadores pessoais ficaram mais acessíveis e a tecnologia passou a fazer parte da vida de muita gente.

•••

BASTIDORES *Quando a esmola é grande, o santo desconfia. E nessa fase de calmaria que estávamos vivendo eu descobri um câncer de próstata bem no começo, que operei e tudo deu certo, ufa! Só nos faltava essa. Só de ouvir a palavra "câncer", "aquela doença", como diziam os antigos, sinto um nó na garganta.*

Dois meses depois da nossa volta da Disney e do meu câncer, Daphne começou a sentir fortes dores no estômago. Ela foi ao médico e descobriu que um melanoma tinha tomado todo o seu corpo – os médicos iriam tentar de tudo, mas o caso era gravíssimo. Essa é uma doença filha da puta, com o perdão da expressão. Felipe perdeu o chão, surtou, literalmente. Eu desmontei. Não era justo passarmos duas vezes pela mesma provação. Daphne foi internada várias vezes, fez uso daquelas pílulas que são um tipo mais moderno de quimioterapia, e até fomos para Abadiânia, em Goiás, um lugar de paz e fé, onde um respeitado médium atende gente do mundo inteiro em busca de cura para seus males. Fizemos tudo o que era possível para reverter o quadro que sabíamos que era seríssimo, até que não houve mais nada a ser feito. Ela foi ficando magrinha, fraquinha, era uma tristeza ver aquela menina definhando, e me doía assistir àquela cena que se repetia.

Com a doença de Daphne eu revivi todas as angústias e tristezas de 20 anos antes. Esse foi um dos momentos mais difíceis da minha vida. Eu me sentia em carne viva por estar vivendo tudo de novo, por ver meu filho passar pelo que eu tinha vivido, sofrendo, totalmente desestruturado, e eu, mais uma vez, sem poder fazer nada para amenizar aquela dor.

Daphne e Felipe moravam juntos, ela ia e vinha das internações e voltava para a casa deles, até que chegou ao ponto em que nenhum dos dois podia mais cuidar do outro, e foi decidido que era melhor que ela fosse para a casa da mãe.

Quando ela se mudou, ele piorou muito, entrou em uma depressão profunda – há quem pense que depressão é frescura, bobagem de quem não tem com o que se preocupar. Mas não é. É uma doença seríssima que requer cuidado e tratamento. Eu sabia que algumas pessoas comentavam que era absurda a atitude dele em relação à doença da mulher, mas eu sabia o que estava acontecendo: ele estava doente. Felipe não saía de casa, não abria a porta nem atendia ao telefone. Sem saber o que fazer, decidi me aconselhar com o médico dele e seguir tudo o que ele me sugerisse.

No começo eu ia até a casa dele todos os dias, ficava sentado no carro em frente ao prédio, mandava uma mensagem por celular dizendo que estava lá para o que ele precisasse, esperava um sinal, e nada. Nenhuma resposta. Passados alguns dias, avisei que tinha levado o jantar, ele me mandou subir, abriu a porta para eu entrar e jantamos em silêncio. Depois disso continuei indo lá todos os dias – ficávamos sentados vendo televisão, muitas vezes sem falar uma palavra.

Como nada na vida, nem de bom, nem de ruim, vem sozinho, um dia acordei sem conseguir me mexer. Estava travado na cama. Pedi para o meu anjo da guarda, que trabalha comigo há anos, ligar para o Felipe e chamá-lo para me ajudar em situações como tomar banho e me vestir. O superanjo da guarda que tenho em casa é uma mulher, e eu não faria com que ela passasse por essa saia justa. Eu estava com uma forte crise de inflamação da hérnia de disco da coluna, e sei que era da tensão que estávamos vivendo. Gosto de pensar que esse tempo que Felipe passou comigo fez bem não só para mim, mas também para ele.

Voltando de uma sessão de quimioterapia, Daphne, em cadeira de rodas, estava se sentindo bem, Felipe, mais estruturado, e os dois resolveram ir ao teatro. Por mais que tentasse, Felipe não encontrava um táxi que levasse cadeirante (ainda não existia a lei da cota de táxis preparados para portadores de deficiências nem aplicativos para contratar o serviço), e foi ficando tão nervoso que acabaram desistindo do programa. Parece que foi ontem, mas eram outros tempos.

Um dia ele me contou que dom Geraldo, o antigo abade do colégio onde ele tinha estudado, que não víamos fazia mais de 20 anos, tinha vindo de Roma e queria dar uma bênção para Daphne. Era a repetição do que havia se passado com Fernanda.

Daphne estava na casa da mãe dela, num período entre as internações, quando dom Geraldo apareceu para dar a bênção. Mesmo sendo judias, mãe e filha aceitaram a oferta com alegria, afinal, não importa o nome, Deus é um só. Mais uma vez fiquei com um nó na garganta, os olhos cheios de lágrimas, relembrando a mesma cena que havia acontecido com Fernanda.

Uma vez ela quis tomar um café comigo, só comigo. Fiquei sentado naquela cama de hospital, ela deitada, um fiapo de gente, de mãos dadas, alisando minha mão, num momento de entendimento silencioso. Ela queria me pedir, mesmo sem falar, que eu cuidasse de Felipe, o que me emocionou, e é claro que eu faria isso.

Na última vez em que Daphne foi internada ela já estava sedada. Os dois eram tão queridos que recebiam a visita de um monte de amigos, a ponto de o hospital ter de proibir a subida de alguém enquanto outro não descesse. Como acontecia a cada internação de Fernanda.

Era tarde, levei Felipe para a minha casa para dormir. Às 6 horas o telefone tocou, eu atendi e o namorado da mãe dela me disse: "Ela descansou". Como eu poderia dar a mesma notícia duas vezes para a mesma pessoa? E, sem querer parecer egocêntrico, como eu aguentaria receber o mesmo telefonema que tinha recebido quando a Fernanda morreu? Felipe estava dormindo, mas tinha escutado o telefone, levantou e contei para ele. Ficamos os dois sentados na cama, chorando.

Seguindo os rituais judaicos, fomos direto para o cemitério, depois vivemos os sete dias de luto e participamos da semana de rezas. Eu perguntava para Deus: por que viver a mesma perda duas vezes? Por que o Felipe? Por que eu?

Sofri muito com a morte de Daphne, pois éramos bem próximos, e as coincidências com a morte de Fernanda mexeram muito comigo; foi como uma bomba que reabriu minhas feridas e reavivou minhas lembranças. Mais uma vez eu me sentia incapaz, por não poder tirar a dor do meu filho e passá-la para mim. Pode parecer clichê, frase feita, mas esse é o sentimento, o desejo de qualquer pai ou mãe ao ver um filho sofrendo.

BASTIDORES *Enquanto estava casado, nosso programa de família era almoçar no sábado na casa dos meus pais e no domingo na casa dos pais de Fernanda. Sou muito família e sinto falta dessa ligação. Com os anos, meus pais e os pais dela foram morrendo e acabaram-se os almoços. Lica, minha irmã, passou a fazer os almoços de Dia das Mães. Era um gesto fofo, mas nem sempre eu me sentia feliz. Num desses Dias das Mães escrevi na minha rede social:*

"Sem mãe... sem a mãe do meu filho... sem o filho por perto, sem a nora e sem neto... quase sem chão e teto. Destino certo... incorreto".

Quem leu achou forte, pesado. E é. Sei que muita gente vive situações parecidas ou até piores do que a minha, mas naquele momento era o que me doía na alma, sentimento que não cultivo porque não sou de ter pena de mim mesmo. Procuro manter o vínculo e a intimidade com Felipe, sem forçar a barra, e sempre o convido para almoçar ou jantar. Não é toda vez que ele aceita, às vezes fico semanas sem vê-lo; sei que não é desamor, mas o ritmo dele, e eu não desisto, continuo insistindo.

•••

ENQUANTO ISSO... Foi nos anos 1990 que o assunto meio ambiente ganhou força e cuidar do planeta passou a ser obrigação para os mais conscientes. Surgiram as primeiras embalagens biodegradáveis, a reciclagem passou a ser quase obrigatória (no Brasil essas iniciativas demoram bem mais a serem adotadas do que no mundo civilizado). E a geração do *ter* começou a ser substituída pela do *ser*. Não é preciso ter o carro do ano, estar na última moda (essa foi a década de criar seu estilo próprio), se cobrir de grifes para ser aceito. Ser quem você é, como você acredita, é o que importa, assim como tentar encontrar seu lugar no mundo e fazer dele um lugar melhor.

•••

A vida teve de seguir seu fluxo. Felipe sofreu muito, mas foi se recuperando aos poucos e voltou a se interessar pelas coisas, retomou a vida, o trabalho e, diferentemente de mim – que um ano depois me cerquei de mulheres para não encarar a dor –, ele segue sozinho e garante que não quer se envolver com mais ninguém (torço para que não seja verdade e ele encontre alguém bacana).

Ano a ano vou aprendendo um pouco mais com e sobre Felipe, tentando entender como ele vê as coisas. Ser bem-sucedido e ganhar dinheiro são sinais de sucesso? Para ele não. Percebi, por causa dele, que existem maneiras diferentes de ver o mundo, de enxergar o outro, sem nunca prejulgar, e de viver a vida.

Só posso ter orgulho de ser pai de um cara que é formado em Marketing, pós-graduado em Administração de Empresas em Crise, mestre em Publicidade pela Miami Ad School, com pós-graduação em Ciências Políticas, e que fez (e faz) mais um monte de outras coisas que passam pelo Coletivo Permacultores, pela Bioconstrução e a Ecopedagogia. Ativista, contestador, preocupado com o futuro da Terra e sua população, Felipe vive procurando meios de ajudar pessoas carentes. Tenho muito que aprender com esse ser que ajudei a colocar no mundo.

Quanto a mim, saí muito, namorei muito, me entusiasmei por algumas mulheres, mas nenhuma delas despertou em mim o desejo de me casar. Quem sabe ainda apareça alguém?

– Capítulo 13 –

Princesas e sapas

Antes que achem que sou ignorante, sei que a fêmea do sapo não é a rã, é a sapa (já joguei muito Mico, aquele jogo de baralho em que você vai formando os pares de bichos e só o mico fica sozinho, quem morre com ele na mão perde e sai do jogo), mas achei que "sapas" ficava mais legal e tinha tudo a ver com beijar o sapo que vira príncipe, coisa de contos de fadas, só que na minha versão.

Antes de conhecer Fernanda eu era bem malandro, como já contei. Garotão, tinha mais de uma namorada ao mesmo tempo (me perdoem, por favor), inventava uma desculpa bem esfarrapada para uma delas para poder sair com a outra e assim por diante. Fazia cafajestadas desse tipo. Mas quando conheci Fernanda tudo mudou. Sosseguei o facho. Ela era tudo para mim, nunca nem tive vontade de pular a cerca. Foram 17 anos de total felicidade e fidelidade. Aí veio a foice e ceifou a mulher da minha vida...

Depois daquele período em que você só quer curtir a sua dor, a sua perda, e que você sente que é a única pessoa no mundo que já passou por isso, ao contrário de Felipe, meu filho, comecei a sair. Eu estava bem desatualizado sobre o que rolava entre solteiros, separados, viúvos jovens ou nem tanto, mas sempre bem de vida. E fiquei besta. Parecia que eu era a última bolacha do pacote, o único copo de água do deserto, um pote de mel aberto que atraía, no lugar de abelhas e moscas, mulheres. Moças que eu conhecia ou que nem sabia quem eram e nunca tinha visto na vida. Eu era carne nova no pedaço, oba! Possível candidato a um bom casamento...

Passei a ser convidado para tudo: almoços, jantares, eventos em geral, cineminha, mais um pouco e eu seria arrastado para a inauguração de um edifício, da agência de um banco em que eu nem tinha conta e era bem longe do meu... Recebia cantadas de deixar qualquer playboy veterano vermelho de vergonha, era assediado sem o menor pudor por mulheres de todas as idades. No começo achei aquilo tudo muito esquisito, pois, até onde eu me lembrava, eram os homens que iam atrás das mulheres. Mas aquele sucesso inesperado foi fazendo bem para o meu ego tão massacrado. E decidi aceitar o assédio, que podia vir acompanhado de uma noite de farra, um namorinho rápido ou mais sério, ou se tornar uma boa amizade. Nesses anos todos de viuvez foram muitas as mulheres que passaram pela minha vida, e muitos os pés na bunda que levei. De algumas delas me esqueci completamente (desculpem minha memória fraca), outras me deixaram marcas leves ou bem profundas. Mas nenhuma delas foi capaz de me levar para o altar ou de me fazer desistir de procurar uma mulher para me casar.

Descobri que uma delas, que eu estava levando bem a sério, tinha um ricaço que a bancava. Não foi por falta de aviso: todos os meus amigos e amigas me alertaram para o fato e me aconselharam a pular fora, e o tonto aqui namorandinho de mãozinha dada, levando para viajar, até constatar que sim, ela tinha outro, miliardário, que ela nunca iria largar por um mané feito eu. Descobri por acaso. Certa vez ela me disse que iria viajar para visitar a mãe, que estava doente, e não voltava nunca. Depois de semanas de espera, resolvi dar uma incerta e liguei para a casa dela. Quem atendeu? A própria. Depois de ficar com a mãe, ela tinha voltado e não me procurou! Para o tonto aqui nós éramos namorados, e o normal seria ela me procurar. Para ela parece que não; talvez pensasse que, se simplesmente sumisse, eu daria o caso por terminado, sem ter de oficializar nada. Eu não sou esse tipo de homem – para mim é preto no branco, gosto das coisas claras: sim é sim, não é não. Simples assim. Ela veio até minha casa, despejei o que estava entalado na minha garganta, ela chorou lágrimas de crocodilo e THE END. Fiquei chateado, bem chateado, e não posso ver a figura na minha frente, mas, como tenho o coração mole e não sou de ficar guardando rancor, abri algumas exceções para amigos que estavam saindo com ela, não sem antes avisá-los da enrascada em que estavam se metendo. Eu não quero papo.

SAI DESSA, CARA *Percebi que eu era corno. CORNO! Essa palavra ficava ecoando na minha orelha. Imagine o peso disso para um homem machão, levemente machista (se é que existe um meio machista), saber que é CORNO. É o fim da linha. Tive vontade de esganar a maldita, mas nem para enforcar eu queria pôr a mão naquela pessoa.*

Acho que a mulher é superior ao homem, não em termos de músculos, que foram feitos para trocar pneus e carregar malas, mas na inteligência, na sabedoria, na sensibilidade. E – por que não? – em termos de resistência. Elas têm filhos – imagine nós, homens, que com um espirro já achamos que vamos morrer, passando por uma dor daquelas?

E sempre admirei mulheres bem-sucedidas, mas que nem por isso se masculinizaram (não gosto de mulheres que agem feito homens para mostrar poder). Gosto das mulheres que trabalham, que ganham seu dinheiro, que gostam de estar com seus namorados ou maridos, e topam até dividir contas e responsabilidades sem nenhum grilo. Para mim nunca houve esse lance de competição homem x mulher. Sempre fiquei embasbacado com os êxitos de Fernanda e estava na primeira fila para aplaudir seus sucessos. Isso para mim é gostar, admirar. Na lista de prioridades para uma companheira, coloco a admiração, o gostar, o amor e o sexo, nessa ordem, como receita para um bom relacionamento (que acredito que hoje foi banalizado e trocado por um tesão passageiro). Para mim, relacionamento é bem mais do que uma boa transa.

Voltando à minha fase "pote de mel", eu era perseguido na rua, recebia presentinhos em casa, cartas de amor, e nem sempre tinha tido alguma coisa com a pessoa. Fui encostado na parede em festas, já arrancaram os botões da minha camisa, enfim, coisas que se ouve falar que acontecem com cantores, jogadores de futebol, artistas famosos. Mas logo comigo, o pirata do peito de aço? Fiquei com o estigma do viúvo que "se acha". Cansei de escutar de amigos ou em conversinhas de clube que "o Carlito não tem jeito, virou comedor e só sai com gatinha". Isso não é verdade. Tenho muitas amigas lindas em quem nunca encostei um dedo, as meninotas não fazem minha cabeça, assim como as mais "entradas nos anos" – até acho que são muito bacanas, lindas e legais, mas aí entra o meu TOE –Transtorno Obsessivo Estético, uma síndrome que eu inventei e que me acompanha até hoje – e ferrou... Saí com uma mulher maravilhosa, divertida, inteligente, bom papo e que tinha 60 anos. Achei inusitado e cheguei a gostar da experiência por um tempinho, mas o número 60 ficava martelando na minha cabeça, e, ainda que ela fosse sensacional, acabou não rolando. Maldito TOE. Quem sabe se eu tivesse me casado, mesmo que me separasse pouco tempo depois, eu perdesse o posto para outro viúvo da vez?

Quando eu estava tentando devolver a respeitabilidade para a empresa Gini (caso tenebroso que conto mais adiante), minha assessora de imprensa me levava a muitos programas de tevê. Era só me convidar que eu ia. E, depois de vender o meu palmito, as apresentadoras sempre entravam no mérito da minha vida pessoal, da minha solteirice de viúvo. Em um desses programas me fizeram uma pergunta, algo do tipo "o que você quer de uma mulher?", e respondi: "Eu não quero dormir com uma mulher, quero acordar com ela". A plateia enlouqueceu, e eu estava sendo sincero, procuro uma mulher que me desperte o desejo de me relacionar, de ficar com ela. E nessas décadas sozinho foram raras as que quase me levaram para o altar.

Depois de toda essa exposição na televisão, acabei confundindo o Carlos e o Carlito, me deixei encantar pela aparente fama e criei uma *persona* social. Cheguei a "me achar", como diziam. Sempre me cuidei, pratico esporte e, sem falsa modéstia, estou bem em ordem para a minha idade, mas nunca me vi como um homem bonito, charmoso; eu sempre fui muito bobo em termos de mulher, e nessas, e por causa do TOE, caí no conto de muita pistoleira.

Tenho um monte de histórias para contar, mas vou me limitar àquelas que me deixaram marcas boas, ruins e algumas que foram divertidas. Uma delas me deixou de ponta-cabeça. Fernanda costumava levar para casa as provas das fotos feitas para os catálogos da loja onde trabalhava. E eu ficava xeretando e palpitando. Uma vez, ela me mostrou as imagens e a modelo era um espetáculo, até comentei com Fernanda como a moça era linda. Ela, que nunca foi ciumenta, fechou a cara e me disse: "Ela não é para o seu bico".

Passaram-se anos, Fernanda faleceu, e um dia eu estava em uma festa e, de repente, pousou um avião na sala – era a modelo do catálogo. Passei a noite toda tentando me aproximar e ela nem olhava para mim. Como eu não tinha nenhuma pista da moça, a não ser o nome, e totalmente sem noção, peguei a lista telefônica (sim, ela ainda existia, era muito grossa, tinha um papel fininho e letras miúdas) e comecei a procurar (imagine se a primeira letra do sobrenome dela fosse o Z! Eu ia ter um trabalhão). Encontrei logo o número dela e liguei, caiu na secretária eletrônica e no meio do recado que eu estava deixando ela pegou o telefone. "Você se lembra? Claro! Vamos jantar? Lógico". E começamos uma espécie de namoro meio clandestino e tórrido. Coisa de pele. Ela me deixava louco, eu ficava esperando por ela, que não aparecia, sumia e reaparecia, aplicava a receita perfeita para deixar qualquer um inseguro. Deu um nó na minha cabeça, e olhe que ela só tinha 19 anos... Depois de uns meses nos separamos. Fico pensando se ela me queria na vida dela tanto quanto eu a queria na minha. E será que eu queria mesmo, ou só estava encantado com o desafio e querendo ver quem ganhava nossa queda de braço?

Outra que me deixou louco foi uma menina que era bem maluquinha, eu sabia, mas não imaginava a extensão do problema. Era aquele tipo de mulher que, do nada, armava um barraco, reclamava alto não sei do que, se levantava e ia embora, me deixava sentado sozinho com cara de tacho num restaurante, depois voltava, pedia perdão, chorava. Numa dessas vezes em que ela levantou furiosa e foi embora, encontrei alguns amigos que estavam almoçando no mesmo restaurante que nós, me sentei à mesa com eles e passamos a tarde nos divertindo. Até que o rapaz que trabalhava comigo havia décadas me ligou e disse que a fulana estava na minha casa e se recusava a sair. Não voltei para dormir em casa de propósito. Ela brigou comigo e depois voltou pedindo desculpas. Essa dinâmica do vaivém durou mais de um ano. Cheguei a pensar em me casar com ela – a loucura dessa mulher me apavorava e encantava ao mesmo tempo. Fui falar com o pai dela, que me perguntou, em bom e claro português, se eu sabia o que estava fazendo... Até que finalmente terminamos e nunca mais nos vimos nem nos falamos.

Uma historinha passageira foi com uma moça que convidei para jantar. Pintou um clima, perguntei se ela queria terminar a noite no Guarujá e ela topou. Fomos sem lenço nem documento, como a cena do filme *Uma linda mulher*, quando o milionário leva a garota de programa (Julia Roberts!) de jatinho para São Francisco, nos Estados Unidos. Chegamos ao melhor hotel de lá, um quarto lindo e gostoso, champanhe gelada no balde. O que o Richard Gere aqui imaginava? Que fosse rolar alguma coisa. Só que não. "Nem pensar, não sou dessas, quero ir embora" e blá, blá, blá. Na verdade ela queria aproveitar o conforto do hotel, passar um dia na praia, e encontrou o trouxa aqui para realizar seu desejo. Fiquei tão bravo, mas tão bravo que pedi que fechassem a conta daqueles minutos que passamos lá (para surpresa do concierge) e viemos embora. No carro, aquele climão de cortar com faca, ela tentando amenizar e eu mudo. Até que não aguentei mais, parei o carro em um daqueles mirantes da Serra do Mar, mandei a moça descer e disse que ia embora. Lógico que ela não desceu do carro – nem eu ia deixá-la sozinha no meio da serra de madrugada. Como eu insistia para que ela descesse do carro, a moça foi ficando com medo e começou a chorar, então expliquei que eu estava me sentindo um tremendo otário. Chegando a São Paulo, deixei-a na casa dela e nunca mais nos falamos.

Dois casos divertidos foram o de uma namorada que ficava direto esfregando creme na mão, o que me dava uma aflição danada; e de uma amiga que me convidou para ir com ela a um evento, chegamos e ela simplesmente sumiu. No fim da festa, ela apareceu com cara de paisagem e me falou "vamos embora?". "E eu lá tenho cara de táxi?", pensei. Ela que tivesse chamado um e não me fizesse de motorista. Se ela tivesse me explicado o esquema, tudo bem, eu não teria ficado chateado, e, como eu conhecia algumas pessoas, também não fiquei sozinho num canto, o que teria sido muito chato. Como sou educado, levei a peça para casa. Amizade estremecida.

Outra história no mínimo curiosa foi quando comecei a receber telefonemas de uma mulher que não se identificava, e sabia tudo de mim e da minha juventude. Eu ficava intrigado e nada de ela me dizer quem era. Fui me apaixonando por aquele enigma, a ponto de voltar para casa mais cedo para esperar a ligação. A certa altura do campeonato ela me falou que era uma amiga da adolescência, me disse o nome e, pelo que eu me lembrava, era uma gatinha. Quarenta anos tinham se passado, mas não custava conferir (ela já não fazia parte do meu *target*, mas estava curioso). Ela me convidou para jantar na casa dela, em um condomínio em uma cidade do interior pertinho de São Paulo. No dia marcado me arrumei todo, me perfumei, e lá fui eu jantar com a mulher-enigma. Demorei muito para achar a casa (me perdi dentro do condomínio) e, ao chegar, quando a mulher apareceu, percebi que o tempo não tinha sido bom com ela. Ela me convidou para entrar e me levou para a cozinha, porque ia preparar o jantar. Como o gás tinha acabado, ela me pediu que fosse até o quintal buscar e trocar o botijão. Se eu já tinha murchado na chegada, agora me sentia um daqueles balões de festa sem gás. Ela tirou da geladeira alguns potes com comida da hora do almoço, uns bifes de filé-mignon, arroz e nem lembro mais o que, e foi jogando os bifes na frigideira enquanto esquentava o resto. O exaustor estava quebrado, foi descendo aquela neblina densa com cheiro de carne sobre a cozinha e eu quase não enxergava mais a minha anfitriã. A conversinha foi ficando chocha, jantamos com os pratos colocados sobre uma mesa que, se fosse feita de uma madeira linda, a louça bonita, eu até aceitaria imaginar que ela estava fazendo o tipo despojado, mas não era nada disso, era puro desleixo – meu TOE gritava, minha roupa e meu cabelo cheiravam a gordura (imagine como um cara perfeccionista como eu estava se sentindo) –, e, assim que deu uma brecha, me lembrei de alguma coisa importante que tinha para fazer e fui embora. Entrei no carro me sentindo uma bisteca. Achei o encontro engraçado, mas só depois que a minha roupa voltou da lavanderia.

– Capítulo 14 –

O cabeleireiro

Passado o tempo do turbilhão de emoções, voltei a me centrar. Cansei de pular de galho em galho, nem namorar eu queria mais. Virei o melhor amigo e confidente das minhas amigas e ex-namoradas, aquelas que ainda queriam me ver pintado de rosa pela frente. Eu fazia o papel do cabeleireiro, aquele amigo confidente para quem as mulheres contam seus segredos, romances e aflições, de quem ouvem conselhos e sabem que daquele espaço não sai uma fofoca. Eu me divertia muito nesse novo personagem, e ainda faço esse papel e dou boas risadas.

Descobri que toda essa fome de viver, fazer coisas sem parar, estar sempre em movimento, não era apenas ansiedade, mas um jeito de não pensar nas porradas que a vida tinha me dado. E até um jeito inconsciente de não me prender a ninguém, porque ainda tinha Fernanda no coração.

Aprendi muito com essas princesas e sapas, mesmo atordoado pelo personagem que tinha criado. Conforme vou ficando mais velho, percebo que já não me interessa fazer o papel do galã sedutor e sigo procurando aquela mulher com quem eu quero acordar todas as manhãs e, como Felipe me ensinou, também curtir as outras pequenas coisas da vida.

BASTIDORES *Não sei bem por que, calculei que me restam 23 anos de vida útil – pelo menos eu estou me programando para isso, porque imagino que depois dessa idade seja um tal de "tira o Carlito do sol", "põe o Carlito no sol", "precisa trocar o velho", aquela chatice da última idade. As quatro coisas que quero fazer até lá são parar de fumar, cantar, fazer filantropia e me casar. Cantar, eu já cantava naquele show beneficente que mencionei, mas era pouco. Enquanto termino este livro, com a cara, a coragem e um repertório em homenagem ao meu ídolo (que considero um poeta que sabe traduzir, como ninguém, o amor em letra e música), me apresentei acompanhado por banda fantástica e backing vocals, em um dos bares mais bacanas da cidade. Um pocket show private que teve overbooking de amigos, todos em pé, cantando comigo os sucessos do Rei, seguindo o roteiro impecável montado por um diretor artístico fera. Fiquei muito nervoso, posso até não ter cantado tão bem quanto canto, mas estava tudo tão lindo, a iluminação, a vibração prazerosa, carinhosa de quem estava lá, que nunca senti uma emoção tão grande na vida. "Feche os olhos para não passar o tempo, esse é um tempo que eu não quero que passe nunca, um momento que quero que fique sempre presente" – com esse texto encerrei o meu show. Tinha realizado meu sonho de criança e foi tão maravilhoso que pretendo repetir. Difícil explicar o que senti, mas posso dizer que, para mim, 30 de outubro de 2017 foi uma noite única.*

O desejo de fazer filantropia está se transformando em realidade. Descobri um centro esportivo sensacional em Barueri, nível internacional, voltado para crianças carentes e sua formação como atletas de vôlei, com várias quadras, alojamento, escola, refeitório e várias outras facilidades que só se encontram fora do país. Esse centro esportivo também forma tenistas e comecei a dar aulas de tênis para essas crianças uma vez por semana, o que me dá um prazer enorme. E, acredite se quiser, ainda quero me casar.

Há algum tempo encontrei uma deusa, que ousei chamar de "minha namorada" porque estávamos apaixonados como dois adolescentes, nos divertindo muito juntos, com um único senão: ela mora há muitos anos fora do Brasil. Namoro a distância é complicado, é um vaivém eterno, mensagens trocadas pelo celular o dia inteiro, longas conversas por aplicativo e aquela vontade de estar perto, de ver, abraçar. "Qual será o fim disso?", eu me perguntava. Mudar de país estava fora de questão, para mim e para ela. Manter um namoro-casamento morando a léguas de distância, e nos vendo a cada três ou quatro meses, nem pensar; sou muito tradicional e não sei levar essa forma de relacionamento mais moderna. Da última vez em que ela esteve aqui, um grilo já cantava entre nós. Sinal de perigo. Os telefonemas começaram a rarear e fui ficando maluco com aquele silêncio (sou um pouco ansioso...). Cadê o amor que estava aqui? Quando conseguimos nos falar, tivemos uma das conversas mais tristes que tive na vida. Era o fim de uma história em que ainda existia amor e as dificuldades eram evidentes. Foi uma conversa civilizada e madura (confesso que prefiro aquelas bem passionais, com muita discussão e briga, para nunca mais ver o outro), com muita dor e tristeza. Era o ponto final.

SAI DESSA, CARA? *Que* sai dessa, cara! *Foi uma história maravilhosa que valeu cada minuto vivido. Fiquei impressionado por ter conseguido me apaixonar depois de mais velho e de tanto tempo com o coração fechado. Talvez ela tenha sido a mulher que mais amei depois de Fernanda. E, se uma a vida me tirou, a outra foi embora de comum acordo. Seria infantil acreditar que o amor é capaz de tudo. Mais uma lição que aprendi. Como diria o poetinha em seu Soneto de Fidelidade: "Eu possa lhe dizer do amor (que tive): / Que não seja imortal, posto que é chama / mas que seja infinito enquanto dure".*

MANIAS SÃO MANIAS

Como já toquei no assunto, preciso dizer que minha TOE, aquele tal Transtorno Obsessivo Estético, poderia ser considerada TOC, Transtorno Obsessivo-Compulsivo, mas acho que o nome que dei tem mais a ver. Não sou fútil, pelo menos acho que não, mas gosto de tudo que é bonito, em ordem e no lugar. Essa regra vale para a companheira, a casa, o carro, absolutamente tudo que me cerca. E até para os amigos: não posso ver uma gola virada ao contrário, uma camisa mal abotoada, que, sem a menor cerimônia, arrumo. Sou cara de pau, mas a falta de simetria me incomoda. Sou capaz de entrar na casa de alguém ou no consultório do médico ou dentista e alinhar os quadros da parede. E não entendo por que não deixo que ninguém pegue meu celular, nem uma pessoa que esteja querendo ver melhor alguma coisa que estou mostrando. Tem de ver na minha mão! E mais: fico tirando a sujeirinha dos protetores de tela dos aparelhos dos meus amigos...

No dia a dia em casa, até a pontinha do papel higiênico é dobrada, como nos hotéis, formando aquele V. Almoço e janto, mesmo quando estou sozinho, sentado à mesa, jogo americano, prato combinando, talher de prata, guardanapo de pano, comida servida em travessas e arroz enformado. Lanchinho na cozinha? Só no prato e com jogo americano. Bandeja na frente da televisão? Nunca, jamais, em tempo algum. Gosto tanto de ver tevê que instalei um aparelho na sala de jantar para evitar que alguém queira assistir a algum programa sentado na minha cama. Comer na cama, migalhas caindo no meu edredom – só de pensar me dá nervoso. Minha cama tem de estar impecavelmente esticada, sem nenhuma ruguinha, jogo de lençóis combinando com o edredom e as toalhas do banheiro, sempre impecavelmente dobradas e postas no toalheiro, depois de terem sido secadas ao sol no quintal ou na máquina de secar roupas.

Nas festas que dou em casa é a mesma coisa: sou eu que escolho as flores, coordeno a montagem dos vasos, supervisiono a decoração da mesa. E sou incapaz de ir dormir sem deixar pratos e copos pelo menos sobre a pia da cozinha com água e detergente. E olhe que dou muitas festas.

BASTIDORES *Houve uma fase em que todas as últimas quintas-feiras do mês eu dava uma festa em Comemoração à Vida, para 40 pessoas escolhidas a dedo na minha agenda. (Para mim a receita perfeita do festeiro é: 5 casais, 18 mulheres e 12 homens avulsos.) Os convidados tinham de* répondez s'il vous plaît *em 48 horas, senão, como estava escrito no convite, "ele se autodestruiria", os convivas seriam substituídos por outros e nunca mais seriam convidados, além do que ninguém era convidado duas vezes. A festa era marcada para as 20 horas, e sempre o encontro de pessoas que não se conheciam dava muito certo. Essa brincadeira durou uns dois anos. Eu tinha um único convidado cativo, que ia a todas as festas, um grande amigo meu que por uma bobagem simplesmente deixou de falar comigo. No começo fiquei bem chateado, pois formávamos uma boa dupla; ainda tentei uma reaproximação, sem sucesso, e acabei desistindo. Esse tipo "tô de mal pra toda a vida" me parece criancice, e não é coisa de amigo de verdade. Desse tipo de amizade eu estou fora.*

Todo esse cuidado com a casa foi Fernanda que me ensinou, mesmo sem perceber. Com a minha família aprendi a ser o homem de negócios, e costumo dizer que Fernanda me deu o polimento *(...sem dó que a cera é Dominó...)*. E se hoje sou o que sou, devo a Maria Fernanda Ortiz Meinberg. Pode ser exagero dizer que de ogro ela me fez um príncipe, mas foi quase isso.

Essa obsessão estética também se aplica às minhas companhias, companheiras, namoradas, sempre bonitas, pelo menos para os meus olhos. Adoro uma loira – mesmo tendo sido casado e loucamente apaixonado por uma morena – e gosto delas vistosas, bem vestidas, bem tratadas, unhas feitas. Quando me encanto por alguma mulher, sou como diz uma conhecida música, aquele amante à moda antiga, do tipo que ainda manda flores e chama de querida a namorada. Talvez por me preocupar tanto com a estética não tenha percebido que algumas dessas mulheres eram lindas por fora, mas encrencas por dentro – e das boas. As belas embalagens enganam...

– Capítulo 15 –

JN no ar

Enquanto o mundo e o Brasil sofriam com a crise asiática, o acidente que matou a princesa Diana e o milionário Dodi Al-Fayed, evento mais do que suspeito, diga-se de passagem (a realeza britânica faz cara de paisagem quando se toca no assunto e analistas dizem que é teoria da conspiração), e o euro passava a ser a moeda oficial dos 11 países que faziam parte da União Europeia, fiquei decepcionado com o Brasil por ter perdido a Copa do Mundo para a França, e minha única alegria, tenista que sou, foi assistir à primeira vitória de Gustavo Kuerten, o Guga, em Roland Garros, no Aberto da França. Mal sabia eu que alguns dias mais tarde a Rede Globo, em seu principal jornal noturno, iria jogar uma bomba no meu colo – e sem direito a defesa.

Apenas para relembrar o começo dessa história, no final do expediente de uma sexta-feira, a secretária entra na minha sala e me diz, visivelmente nervosa, que Carlos Nascimento, o jornalista, queria falar comigo. Só podia ser brincadeira de algum amigo se fazendo de engraçadinho. Atendi preparado para dar umas boas risadas quando escuto a voz séria do Nascimento:

– O que o senhor tem a dizer sobre a acusação do CVS, Centro de Vigilância Sanitária, quanto ao caso da moça de Santos, que está morrendo por ter comido um palmito Gini estragado?

EU? Eu não sabia de nada. Ninguém da família dela, da imprensa, nenhum advogado tinha entrado em contato comigo ou com alguém da empresa. Pedi que ele nos desse um tempo para que eu investigasse o que estava acontecendo e falaríamos assim que nos inteirássemos do assunto.

Ele foi taxativo:

– A matéria está programada para ir ao ar hoje, é o principal assunto do dia, não posso esperar.

Fim da ligação.

Nesse momento minhas pernas tremiam, meu coração estava disparado, a boca seca, mãos começando a suar, estava à beira de um ataque de pânico. Eu não sabia o que fazer, nem com quem me aconselhar. Comuniquei minha família para que ninguém se assustasse com a notícia vendo televisão, e ficamos esperando a bomba estourar, torcendo para que outro assunto mais picante entrasse na pauta e a nossa matéria caísse (jargão de jornalista). Infelizmente, a torcida foi em vão.

Entra a música que todo mundo reconhece, resumo das notícias do dia, o *Jornal Nacional* está no ar! Primeira matéria: Palmito Gini. Bacana? De jeito nenhum. Carlos Nascimento esfrega na nossa cara:

PALMITO GINI CAUSA BOTULISMO EM SANTOS

Nesse momento, o filme da empresa cuja reputação levamos mais de 30 anos para construir começava a queimar. Nosso mundo caiu. Essa bomba me jogou no chão, já que tinha sido eu a atender o jornalista, e até hoje meu irmão e sócio não se recuperou da irresponsabilidade da notícia (o que, dizem os médicos, costuma acontecer; é como uma espécie de choque pós-trauma). Descobri, assistindo ao noticiário, nervoso e preocupado, que os médicos ainda não sabiam o que tinha provocado o coma e nem como tratá-lo, e que nós, a empresa, não quisemos nos manifestar.

Não quisemos nos manifestar o cacete: o *JN* não nos deu tempo para que nos informássemos sobre o que, de fato, estava acontecendo. Na telinha, a imagem dos nossos produtos, com a honra manchada, estava em todas as casas de todos os consumidores do Brasil. E, mesmo que não soubéssemos de nada, nós éramos os vilões, os bandidos desse filme de terror.

Quando eu era criança, nos filmes de caubói, quem usava o chapéu claro era do bem, os de chapéu preto eram os malvados. Era assim que a gente aprendia a diferenciar o bem e o mal. Eu era do bem, por que queriam me colocar um chapéu preto na cabeça?

Foi aí que começou o nosso calvário.

Meu pai convocou uma reunião na casa dele e sugeriu que abríssemos concordata. Fui contra. Minha estratégia era não fugir das responsabilidades. E o tempo, mesmo que longo, provou que eu estava certo. Qual seria o primeiro passo? Contratar um bom advogado.

O que eu poderia fazer? Na manhã seguinte, um sábado, liguei para a mãe de um colega do meu filho que trabalhava na Secretaria da Saúde, para que ela me orientasse. A resposta dela foi simples:

– Você está perdido!

Mesmo que ninguém tivesse nenhuma prova da nossa culpa, passei a ser perseguido, diariamente, pela imprensa atrás de uma declaração. Como eu poderia me pronunciar se não conhecia os fatos? E essa falta de informação e resposta incitava os jornalistas a descerem o pau na Gini.

Comecei a me inteirar do tamanho da encrenca aos poucos. A consumidora estava em coma na Santa Casa de Santos, então, uma das primeiras providências foi transferir a moça para um dos mais conceituados hospitais de São Paulo, onde os melhores especialistas esperavam por ela. Foi a sua salvação. Se ela tivesse ficado no hospital em Santos, muito provavelmente teria morrido (o que para nós, desculpe o lado *dark* do comentário, teria saído muito mais barato. Mas nós jamais deixaríamos uma pessoa morrer e fizemos das tripas coração para que ela se recuperasse).

BASTIDORES *Botulismo é uma intoxicação alimentar rara que pode ser fatal, causada pela bactéria* Clostridium botulinum, *presente no solo e em alimentos contaminados e mal conservados. Um dos sintomas é a paralisia muscular, podendo levar à morte por parada respiratória.*

Descobri, depois, que a perícia tinha sido feita sem seguir o protocolo da Anvisa e que o laudo era incerto. Primeiro erro da Vigilância Sanitária, que, mesmo sabendo que o protocolo exigia que, além do produto encontrado na geladeira, todo o lote fosse examinado, se apressou em divulgar o furo para a Globo, apesar de não ter respeitado o protocolo.

BASTIDORES *Esse protocolo é uma maneira de proteger o consumidor e também o fabricante. É muito simples infectar com uma bactéria um produto aberto e depois processar o fabricante. Daí a necessidade de analisar todo o lote, para ter provas concretas para apresentar antes de acusar.*

Nessa noite eu não dormi. Pensava: será que eu aguento mais essa? Primeiro minha adorada Fernanda tinha ido embora e agora era minha vida profissional que estava indo para o ralo. Era muita coisa para uma pessoa só. Por que, meu Pai do Céu? Como dizem que Deus "só dá para quem consegue carregar", eu iria levar mais esse fardo até vencer a parada. Não ia entregar os pontos.

Segunda-feira, quando cheguei ao escritório, soube que, mesmo ainda sem as contraprovas, a Justiça tinha mandado fechar nossas fábricas e o centro de distribuição, que a ordem era recolher todos os palmitos da marca Gini do mercado, e que começasse uma devassa fiscal na empresa.

Em um dia estava desmoronando o trabalho de uma vida.

Nós estávamos entrando em parafuso. Trabalhávamos 15 horas por dia, pedíamos a todos os clientes que nos devolvessem os produtos, pois essa era a ordem da Secretaria da Saúde.

•••

ENQUANTO ISSO... Àquela altura tínhamos uma linha com 16 produtos vendidos no país inteiro. E começaram a chegar lotes e mais lotes de produtos no nosso escritório, no centro de distribuição. Tínhamos milhares de caixas de produtos Gini, e, como não havia onde armazená-las, tivemos de alugar um espaço na mesma rua só para acomodar as devoluções.

•••

Com as fábricas interditadas, não entrava um centavo, apenas milhares e milhares de produtos de devolução, vindos desde a menor venda aos hipermercados do Oiapoque ao Chuí. E não eram só os palmitos, conforme a ordem da Anvisa, mas toda a linha de produção da empresa, o que não fazia o menor sentido – o que o azeite ou os cogumelos tinham a ver com isso? Sem saber como agir, os mercados acharam por bem tirar a marca Gini de suas gôndolas. Um rombo que só fazia crescer. Mesmo assim, como tínhamos capital, conseguimos manter todos os nossos funcionários, ninguém foi demitido e todos receberam seus salários em dia. Foram seis meses com a fábrica e a central de distribuição interditadas (a liberação foi conseguida na Justiça), o que significa, para muitas empresas, mesmo de grande porte, a falência. O que conseguimos foi um feito digno de nota.

Era um prejuízo e tanto. Nós tínhamos um estoque que valia uma fortuna, mas que ninguém queria. E uma dívida gigantesca com todos esses comerciantes, e não tínhamos como pagar. Na esteira da Gini, nossos concorrentes e a indústria de produtos em conserva também foram prejudicados; a irresponsabilidade da imprensa e da Vigilância Sanitária tinha disseminado o pânico entre os consumidores. E o palmito, principalmente, tinha virado sinônimo de morte, ainda que ninguém tivesse morrido.

Fui seguindo passo a passo o tratamento da moça que supostamente tinha sido envenenada pelo nosso palmito, processado com todo o cuidado, principalmente porque naquele tempo não existiam as regras atuais, que exigem que o produto traga a data de fabricação e de vencimento impressas na embalagem, lista de ingredientes, cuidados necessários, modo de uso etc.

O resultado dos exames demorou a sair, e foi confirmado que a moça estava intoxicada pela bactéria que causa o botulismo e corria risco de morte. Foi um longo tratamento, seis meses internada no hospital referência do país, sendo tratada pelos melhores infectologistas, que conseguiram salvar a vida dela.

Como a moça não tinha nenhum tipo de seguro de saúde que cobrisse um hospital daquela categoria, e nós não podíamos usar o nosso, tivemos de pagar com o bolso da empresa uma pequena fortuna para o hospital. A maneira encontrada para fazer esse pagamento foi negociar: passaríamos três imóveis (um na capital e dois no interior) para o nome do hospital e daríamos uma parte em dinheiro, a ser paga em dez vezes. O acordo acabou não dando certo porque, na hora de passarmos a escritura dos imóveis para o hospital, eles exigiram que arcássemos com o valor da transferência. Não aceitamos. Tínhamos fechado o acordo na confiança, sem exigir perícia dos gastos do hospital com a paciente, e eles exigiam que pagássemos a transferência? De jeito nenhum. Quem nos garantia que o que havia sido gasto pelo hospital equivalia ao que estávamos dando em troca? O hospital entrou com uma ação contra nós, que se estendeu por quase 20 anos, acabamos perdendo e, mesmo assim, no final de 2016 quitamos a última prestação do que devíamos para eles. Ufa! Poucas vezes senti um alívio tão grande. Como já disse, e repito, sou muito correto e ciente dos meus deveres, e essa dívida não me deixou dormir direito por décadas.

Enquanto nós apagávamos o fogo dentro de casa, mandávamos incinerar um lote de mercadorias (a linha Gini completa, e não só os palmitos) por determinação da Secretaria da Saúde, e nossos advogados tentavam fazer valer nossa defesa e realizar as contraprovas que não tinham sido feitas. Depois de várias tentativas inúteis de conciliação, conseguimos uma liminar na Justiça para fazer a contraprova, a perícia no vidro de palmito encontrado na geladeira da casa da família em Santos e nos outros vidros do mesmo lote.

Paralelamente o noticiário deitava e rolava nos detalhes mais sórdidos de um roteiro que nós não tínhamos escrito. Nós estávamos sendo condenados sem direito a defesa. Éramos a Escola Base da vez, se é que alguém se lembra do caso, que acabou com a vida de seis pessoas acusadas e prejulgadas levianamente.

BASTIDORES *O caso aconteceu no começo dos anos 1990, quando o Brasil iniciava seu processo de democratização, depois do impeachment do presidente Fernando Collor. A Escola de Educação Infantil Base era uma escola particular de São Paulo que teve seus proprietários e um casal formado por uma professora e o motorista injustamente acusados por duas mães e pela imprensa, sem nenhuma prova concreta ou laudo do Instituto Médico Legal, e por uma conduta precipitada do delegado de polícia, que não ouviu o depoimento dos possíveis réus, acusados de assédio sexual contra crianças de 4 anos. O caso indignou o país. As manchetes mais escandalosas estamparam todos os jornais e revistas impressos e os "culpados" foram bombardeados pelos canais de televisão e pelas rádios. Na esfera jurídica, as provas foram se mostrando inconsistentes, mas o nome dos envolvidos já estava enxovalhado. Algum tempo depois a Escola Base foi depredada, os "acusados" estavam falidos e doentes emocionalmente, por causa da irresponsabilidade da polícia e da imprensa, que se basearam no diz-que-diz, no "ouvi falar". Alguns anos mais tarde, os "acusados" decidiram processar a Fazenda Pública do Estado (que ainda está pagando as indenizações e questionando o pagamento dos já falecidos). Depois de quase 20 anos, a Rede Globo foi condenada a pagar uma indenização de R$ 1,35 milhão (assim como outros órgãos de imprensa tiveram de arcar com outros valores) para os ditos "acusados" – que na verdade eram inocentes, tinham sido julgados e condenados pela imprensa e pela opinião pública, sendo que o caso nunca foi a julgamento e acabou arquivado. Essa arbitrariedade foi tão chocante que é tema de estudo e tese, até hoje, nas faculdades de Jornalismo e de Sociologia.*

A contraprova feita por nós, como manda o protocolo, no renomado Instituto Adolfo Lutz, que contou com a presença de um representante do governo, ou seja, do CVS, um da Gini e dos técnicos do Instituto, confirmou que o vidro encontrado na casa da vítima estava contaminado, porém os outros exemplares do mesmo lote mandados para análise não continham nenhuma bactéria. A história que a mãe da moça contava era que ela tinha comprado o vidro de palmito, aberto e sentido um cheiro horrível. Fechou o vidro e o deixou na geladeira para levar para o supermercado e trocar no dia seguinte, mas a filha tinha aberto a geladeira e comido o palmito. Minha pergunta é: alguém em sã consciência abre o vidro de um produto alimentício malcheiroso e come? Ou deixa esse produto na geladeira, com o risco de ser comido por alguém? Para mim essa história estava mal contada. Quem garante que ela havia comido palmito? Fizeram uma lavagem estomacal para analisar o que teria intoxicado a moça? Tempos depois, a mãe confessou que não tinha certeza se a filha havia comido o palmito ou alguma coisa na rua... As acusações pesadas tinham sido levianas, precipitadas e sem fundamento, e, como no caso da Escola Base, a Rede Globo, principalmente, se precipitou ao colocar no ar uma notícia sem checar a veracidade dos fatos e sem ouvir as duas partes. A imprensa é impiedosa e irresponsável quando se trata de um furo sensacionalista.

Mesmo tendo os laudos a nosso favor, a Vigilância Sanitária insistia que as fábricas deveriam continuar fechadas – eles sabiam que tinham sido inconsequentes ao divulgar o fato para a imprensa sem uma base sólida e queriam se proteger de futuras ações que poderíamos mover. Só conseguimos a liberação para o funcionamento das fábricas seis meses mais tarde, e judicialmente.

BASTIDORES *Quando acontece um fato como esse, e a Anvisa é processada e perde a ação, a culpa e o ônus recaem sobre a diretoria. Imagino que só possa ser essa a explicação para que a diretora da entidade* *na época tivesse dificultado tanto as coisas para o nosso lado – ela sabia que seria responsabilizada pessoal e financeiramente pelo fato.*

Não tínhamos culpa no cartório e eu ia provar isso para todo mundo que tinha me apontado o dedo, me acusado, e não tinha acreditado na nossa idoneidade. Fui procurar a imprensa para contar nossa versão dos fatos, mas éramos notícia de ontem, ninguém mais queria saber. Dizia-se na época que "o jornal de hoje embala o peixe de amanhã".

A imprensa alegava que o fato tinha sido divulgado porque os "órgãos oficiais têm fé pública" e eles, jornais e revistas, são obrigados a publicar a notícia, cumprindo a lei de imprensa para proteger o consumidor de uma possível "epidemia".

Procurei todos os diretores de jornal, revista, televisão e rádio e dei com o nariz na porta. Até que o editor de uma revista quinzenal se indignou com a maneira como as coisas tinham se desenrolado e publicou uma matéria de várias páginas sobre o caso, com bastante destaque, chamando atenção, inclusive, para a irresponsabilidade tanto da Vigilância Sanitária quanto da imprensa em geral, que, depois dessa publicação e tomada de brios, voltou a se interessar pelo caso e nos procurou. Até a Rede Globo, a grande causadora do estrago, nos ofereceu uma retratação de dois minutos no *SPTV 2ª edição.* Eles tinham nos massacrado em rede nacional e agora nos davam retratação no jornal regional. Era muita cara de pau. Mas soubemos que é assim que a banda toca na mídia mundial: a retratação nunca é igual à acusação.

BASTIDORES *A legislação assegura ao ofendido por matéria veiculada pela imprensa o direito de resposta ou retificação "gratuito e proporcional" à ofensa. O objetivo principal é garantir um mecanismo de defesa para o lado mais fraco da relação entre cidadão e imprensa.*

Caso os veículos não concedam extrajudicialmente o direito de resposta, então a pessoa poderá acionar a Justiça. (Fonte: EBC – Empresa Brasil de Comunicação)

O estrago na nossa imagem estava feito. A moça tinha se curado, e o que nos restava fazer era devolver à marca Gini sua credibilidade. E isso nós íamos fazer, ou meu nome não seria Carlito Gini.

– *Capítulo 16* –

Sacudindo a poeira

O ano de 1997 foi dedicado a devolver os produtos Gini às prateleiras dos mercados e supermercados do país. Contratei uma assessoria de imprensa para nos ajudar na tarefa de reconstruir a credibilidade da Gini. Promovemos uma mudança radical no visual de toda a produção da marca (não apenas do palmito) e lançamos a linha prata Gini em uma coletiva de imprensa na sede da Federação das Indústrias do Estado de São Paulo – Fiesp. A imprensa compareceu em peso e (com a consciência pesada?) divulgou nossos produtos.

Como não poderia deixar de ser, o CVS contestou esse lançamento, alegando desconhecer os laudos do Instituto Adolfo Lutz. Nossos advogados entraram mais uma vez em ação e provaram que quando foi feita a contraprova (por determinação de lei federal), que nos inocentava, todas as análises haviam sido feitas na presença de um representante do governo, ou seja, do CVS, um representante da empresa (nós) e os técnicos do instituto oficial, o Adolfo Lutz. Nada mais a contestar.

Reportagem da revista *Exame* em 1997: mostrando o erro da imprensa

Outra reportagem, desta vez na revista *República*,
dizia que a minha empresa não havia feito nada de errado

BASTIDORES *Não sei ao certo qual o motivo, acho que o CVS não queria dar o braço a torcer por ter sido relapso no começo da apuração, então, para colocar mais uma pedra em nosso caminho (não só no nosso, mas no de todos os produtores de palmito do país), determinou que todas as embalagens deveriam vir com um selo alertando o consumidor de que aquele produto deveria ser fervido antes do consumo. Parecia que estávamos vendendo morte em vidro. Essa atitude levou a uma queda de mais de 80% nas vendas de palmito de todas as marcas, em todo o território nacional. O lado positivo de tudo o que aconteceu foi que a Anvisa se deu conta da importância de criar uma legislação rígida para a indústria alimentícia brasileira, como já existia em outros países.*

Como todo esse rebuliço não atingiu apenas a Gini, começaram a pipocar telefonemas de concorrentes querendo encontrar uma solução para esse alerta obrigatório para o "perigo de consumir palmito". Decidimos nos reunir na sede da Associação Brasileira das Indústrias da Alimentação (Abia) e então ir a Brasília tentar reverter a obrigatoriedade desse selo. Sem sucesso. Saímos de lá com mais uma determinação: passar por uma fiscalização mensal rigorosa promovida pelos órgãos da Vigilância Sanitária, que depois do primeiro mês nunca mais aconteceu. Toda essa confusão acabou levando muitas fábricas à bancarrota, outras preferiram fechar as portas, e quem sobreviveu (como nós, por exemplo) com o tempo se adaptou às novas regras.

Mesmo tendo sido inocentados, muitos clientes ainda tinham receio de colocar os produtos Gini de volta em suas prateleiras. O que fazer nos tirou o sono mais uma vez. Nesse tempo acho que o que menos fiz foi dormir. Eu me deitava e ficava pensando, procurando saídas para novos problemas que apareciam quase que diariamente.

EURECA!

Naquele momento nossa posição era de devedores e não mais de credores. Pensamos: se somos nós os devedores e não temos como pagar, o melhor a fazer é ir conversar com os clientes e tentar um acordo.

ACORDO: essa era a palavra-chave.

BASTIDORES *Todos os nossos consumidores finais tiveram seus produtos trocados, acompanhados de uma carta escrita por mim e um brinde. Foram mais de 5 mil trocas em todo o Brasil. Não queríamos que perdessem a confiança na Gini. Era essa a nossa estratégia: ser verdadeiros para conservar nossos clientes, funcionários e consumidores.*

Depois de mais uma noite maldormida, decidimos procurar nosso maior e principal cliente e credor, com todas as notas de devolução, uma dívida enorme a ser saldada, sem dinheiro e uma ideia maluca na cabeça, que era mais ou menos esta: "Meu querido cliente, devemos essa quantia enorme, que você não vai receber, a não ser que faça esse acordo conosco. A partir de hoje você vai considerar a marca Gini como se fosse sua, ou seja, sua margem de lucro vai ser menor, você vai promover a marca em toda a sua rede, com pontas de gôndolas, destaques na área de vendas, anúncios em jornais e televisão, e em contrapartida você pagará somente 70% de tudo que comprar da Gini, e os outros 30% serão abatidos da dívida que temos com você". Naquela reunião me lembro de ter contado uma história de pescador que eu conhecia, e sabia que era o que eles faziam: "Quando você fisga um peixe muito grande, para conseguir tirá-lo da água é preciso dar linha, senão ela arrebenta". Se eles não nos dessem linha...

Essa era uma situação no mínimo peculiar para qualquer credor/ cliente. Naquela noite acho que nosso credor também não dormiu.

Era um jeito torto de quitar uma dívida, mas melhor do que ficar no prejuízo. Não deu outra: na manhã seguinte eles nos chamaram e iniciamos nosso acordo com uma grande campanha nacional. A partir do aval da maior rede de supermercados do país, rapidamente nossos produtos começaram a voltar para o mercado. Fomos pagando um a um os nossos credores, com o mesmo tipo de negociação, e, um ano e meio depois do caos do caso Gini, voltamos a nos tornar líderes de mercado em várias capitais, recebendo inclusive um prêmio de marketing da Associação dos Dirigentes de Vendas e Marketing do Brasil, ADVB, por termos atravessado uma crise de tamanha proporção, em que poucas empresas, mesmo as grandes, conseguiriam sobreviver. Viramos um case de marketing.

BASTIDORES *Pouco antes de voltar ao mercado publiquei um anúncio avisando que "A Gini estava voltando". Minha assessoria conseguiu que eu fosse a vários programas de tevê para falar sobre o assunto. No sofá da Hebe, ouvi dela: "Que injustiça fizeram com esse menino". Nunca esqueci esse carinho.*

Nossas dificuldades não tinham acabado. Ainda havia muitos processos que os órgãos governamentais moviam contra nós e outros tantos que nós movíamos contra eles. Hoje, quase 20 anos depois daquela acusação absurda, ainda não acabou. Mesmo tendo vencido a ação que movemos contra a Secretaria da Saúde de São Paulo por danos morais no Superior Tribunal de Justiça em Brasília, continuamos esperando um final decente, e quem sabe NÓS, NOSSOS FILHOS, ou talvez NETOS, possamos receber a indenização pelos danos causados por uma acusação leviana, precipitada e injusta. Quem sabe um dia se faça justiça neste nosso país tão injusto.

Reportagem na revista *Carta Capital*, em dezembro de 1998. Hora da virada

SAI DESSA, CARA *Sofri muito com tudo isso. Era chamado de assassino na porta de casa, da empresa. Fiquei meses sem sair. E ainda tive de ouvir do Estado, em uma audiência, "que marca não chora, não tem sentimento", ao que meu advogado prontamente respondeu: "Mas o dono tem". Consegui de um limão muito azedo fazer uma limonada doce. E percebi que, quando você não deve nada, não tem nada a temer e sabe que a verdade está do seu lado, as soluções vão aparecendo, uma a uma, e você descobre o quanto é forte, principalmente por não ter fugido de suas responsabilidades.*

Na virada do milênio, no réveillon de 1999 para 2000, enquanto todos temiam que Y2K, o bug do milênio, apagasse todos os computadores do mundo, o presidente russo Boris Ieltsin renunciava ao cargo, e a polêmica sobre se o começo do milênio era em 2000 ou 2001 corria solta, eu festejava o fato de a Gini ter reconquistado a posição de líder no Brasil e merecer o Top of Mind, uma pesquisa que especifica a liderança na área de marketing e aponta quais são as marcas mais lembradas pelos consumidores.

•••

ENQUANTO ISSO... Entrávamos no novo milênio em um ano bissexto (não ligo para crendices, mas há quem diga que esses são anos de grandes catástrofes e sofrimentos, que não se deve casar em um ano bissexto, e outros acreditam que traz sorte. Vai saber? *No creo en brujas, pero que las hay, las hay*. Soube que na Irlanda, no dia 29 de fevereiro, as mulheres podem pedir os homens em casamento, e eles não podem dizer não...), e o Brasil comemorava os 500 anos de seu descobrimento. Um evento que poderia ter sido um acontecimento, mas foi um fracasso, por causa da desorganização e de problemas técnicos em uma das réplicas das naus que trouxeram Pedro Álvares Cabral a descobrir o Novo Mundo. Uma pena. Um primeiro rascunho do sequenciamento do genoma humano foi apresentado ao mundo, e o supersônico *Concorde*, considerado um dos aviões mais seguros do mundo, lançado em 1976, caiu, deixando uma centena de mortos. Tristeza. Para nós brasileiros foi uma alegria ver o nosso "eterno segundo lugar" na Fórmula 1 subir ao pódio e levantar, pela primeira vez depois de 19 anos, a taça no GP da Alemanha. Pode parecer que não, mas a fama do piloto é pura maldade da torcida – mesmo estando sempre em segundo lugar, ele deixou sua marca na história do automobilismo. Como? Basta lembrar que, de 326 GPs dos quais participou, esteve na largada de 322. E, para minha alegria de tenista, nosso "labrador humano" (apelido que ganhou recentemente por seu sorrisão e simpatia) sagrou-se campeão pela segunda vez em Roland Garros.

•••

ENQUANTO ISSO... O ano de 2001 foi horrível para o Brasil e o mundo, mas nada foi tão impactante e chocante quanto o atentado de 11 de setembro, uma pacata terça-feira, quando um Boeing 747 sequestrado desvia sua rota e colide com a Torre Norte do World Trade Center, em Nova York. Dezoito minutos depois, outro avião sequestrado atinge a Torre Sul. As Torres Gêmeas vão ao chão, como um castelo de areia. Uma hora mais tarde, um terceiro avião atinge o Pentágono, em Washington, e um quarto avião só não consegue alcançar seu alvo porque os passageiros e a tripulação concordaram em derrubar o avião, que caiu em uma área abandonada na Pensilvânia. Essa tragédia, que deixou um saldo de 3 mil mortos, teve um autor: Osama Bin Laden e sua rede Al-Qaeda, que conseguiram invadir o vigiadíssimo espaço aéreo americano. Eu assisti, chocado, a tudo aquilo, na tevê do escritório. Parecia um desses roteiros de cinema catástrofe, só que aquilo estava acontecendo de verdade, e nós estávamos assistindo em *real time*. Dez anos depois de uma caçada feroz contra o Islã e o Afeganistão, Bin Laden foi encontrado morto.

•••

No ano seguinte, três fatos foram marcantes para nós: o dólar, que tinha começado o ano na casa dos R$ 2, pulou para R$ 4, como efeito da eleição de Lula, depois de mais de 20 anos de tentativas, para a Presidência da República, e a Seleção Brasileira, mesmo desacreditada, conquistou o pentacampeonato, para alegria do nosso povo. Em 2003, em meio a uma série de fracassos, uma menina baixinha e de uma agilidade impressionante, a ginasta Daiane dos Santos, conquista o campeonato mundial de ginástica e apresenta ao mundo seu salto, um duplo twist carpado, que acabou sendo chamado de salto Dos Santos.

Depois de tanta luta e de termos reerguido a Gini, em 2004, chegou a hora de virar a página e sair do *business*. A marca mais conhecida do mercado brasileiro foi vendida para uma grande empresa de alimentos e continua brilhando nas prateleiras.

– Capítulo 17 –

Pegando no batente 2 – a missão

Avanços tecnológicos já davam sinais de que tinham vindo para ficar e revolucionar o mundo. E se a década de 1990 assistiu aos computadores pessoais invadirem as casas e os escritórios e os celulares ocuparem cada vez mais espaço na vida das pessoas, na primeira década do terceiro milênio as inovações foram acontecendo a uma velocidade cada vez maior, e os aparelhos ficando cada vez menores e mais inteligentes. A internet tornou-se uma realidade indispensável e a banda larga e o Wi-Fi dispensaram a jurássica internet discada, agilizando, e muito, as comunicações. O Bluetooth permitiu a integração das diversas mídias, surgiram as nuvens para armazenar, com segurança, dados importantes. Se *Os Jetsons*, desenho animado dos anos 1960, mostrava uma família do futuro conversando por meio de uma tela, o que na época estava longe de ser viável, o Skype transformou essa fantasia em realidade; os CDs e DVDs, até então a maneira mais segura de guardar arquivos, músicas, filmes, cederam seus lugares para os minúsculos pen drives com memórias de muitos megabytes e que cabiam no bolso. Se no início eles eram caros, assim como os televisores de plasma, foram ficando mais baratos com o passar dos anos, até caberem no orçamento da maioria das pessoas.

Era esse o cenário quando vendemos a Gini. O mundo tinha mudado muito, e, mesmo que eu acompanhasse essas mudanças e me jogasse de cabeça em cada novidade, não deixo de me espantar com tanta mudança.

Não foram as inovações tecnológicas que me deixaram um pouco perdido depois que vendemos a Gini, mas a falta do que fazer, o tempo sobrando. Desde os 17 anos eu tinha tido um trabalho formal, com hora para chegar e sair. Eu estava com 50 anos, o que iria fazer com todo esse tempo livre? Procurar emprego? Ninguém emprega alguém com mais de 50 anos, ao contrário, é quando os executivos são mandados para casa e substituídos por profissionais mais jovens e baratos. E como sempre tive meu próprio negócio sei que jamais me adaptaria em um emprego. Tenho uma empresa com Felipe para cuidar dos nossos negócios familiares, mas eu achava pouco para minha ansiedade e minha cabeça a mil; precisava de muito mais coisas para fazer. E comecei a inventar moda.

Revisando o passado, fui me lembrando de coisas que gostaria de ter feito, mas por um ou outro motivo, não tinham ido adiante. Sentia-me em casa quando ia defender a Gini na televisão. Aquele ambiente, os holofotes, os câmeras e suas máquinas, microfones, cabos espalhados pelo chão me fascinavam. Quem sabe? Como não tinha nenhuma experiência, fui fazer dois cursos de teatro com os maiores feras do mercado. Um belo dia, estava interpretando uma cena qualquer e alguém que passava no corredor do lugar onde eu tinha aulas ouviu meu vozeirão, entrou para conhecer o dono da voz e me convidou para fazer dublagem. Tive algumas aulas para aprender a sincronizar a voz com o movimento dos lábios do personagem e passei a dublar, inventava vozes e jeitos de falar. Ganhava uma merreca, mas me divertia muito. O Capitão Gancho do desenho animado foi uma das dublagens que mais gostei de fazer. Era muito legal imaginar a molecada curtindo e ao mesmo tempo morrendo de medo de mim. Mas, como não nasci com a vida ganha, fui procurar algo mais rentável para fazer.

Outra ideia maluca que tive veio do tempo em que éramos um grupo de jovens casais que viajavam juntos nos fins de semana. Como nem todo lugar tinha televisão, a gente jogava *War*, brincava de mímica, de assassino e outros jogos de salão.

BASTIDORES *A brincadeira de assassino era assim: todos os participantes ganhavam um papelzinho e em apenas dois estava escrito "assassino" e "detetive". O assassino tinha de piscar, disfarçadamente, para alguém do grupo, que falava "morri", e o detetive tinha de descobrir quem estava matando as pessoas. Se alguém do grupo percebesse quem era o assassino, podia delatar ou ficar quieto, para a brincadeira continuar até que todo mundo estivesse morto ou o detetive descobrisse o bandido. Era muito divertido, uma gritaria, e o jogo rendia horas.*

Em uma dessas viagens resolvemos fazer um filme. Eu tinha o papel principal (como sou muito metido, era óbvio que tinha de ser eu a figura central), um amigo era o *cameraman* e outro ficava na direção. Começamos pela abertura, o câmera andando com a filmadora 8 mm na mão por um ambiente sinistro, entrando na cozinha com clima de suspense, até focar um forno que se abre e, dentro... um sino. No letreiro, o título era "O Assa Sino"... E quem era nosso diretor? Hoje um bambambã na direção de novelas e minisséries da maior rede de televisão do país, que na época ainda não fazia tevê, e era casado com uma amiga. Estava ali a minha chance de ser ator.

Mesmo fazendo décadas que não nos víamos, liguei para ele, na maior cara dura, ele me atendeu, matamos um pouco as saudades, contei minha ideia, e ele entrou na minha, me propondo um teste. Achei que ele estava falando da boca pra fora e não fiquei esperando, até que um dia a secretária ou assistente dele me liga e diz que eu tenho um teste marcado e deveria estar no Rio em tal dia e a tal hora. Fui. Era um teste pra valer, para um papel em uma novela; eu tinha um texto de três linhas, que fui tentando decorar no avião, e um ator para contracenar. Não conseguia lembrar as falas, de tão nervoso que eu estava. Repetimos a cena um monte de vezes e nada. Na hora do "rodando!" eu travava. Até que o ator fez a minha parte, acertou de primeira, ficou com o papel, e eu voltei para São Paulo com uma certeza: eu não era ator.

Próxima empreitada, um programa de culinária comandado por homens, coisa que na época ainda não existia. O programa se chamava *Mulheres al dente*. A formatação era um fogão, um cozinheiro, eu e outro amigo como entrevistadores, um convidado de certa relevância para experimentar o prato e render ibope e muita conversa jogada fora. O *chef* já era bem conhecido e sua especialidade era culinária italiana – tanto que seu nome é um tipo de massa. Ele preparava o prato e ia dando a receita enquanto todos nós conversávamos sobre um tema decidido em cima da hora, sem nenhuma pauta. Era muito espontâneo e divertido. Estreamos num canal paulista, no horário nobre: domingo, às 18h30. Ficamos no ar durante um ano e alcançamos 1 ponto de audiência, o que era muito bom para o horário e para aquele canal de televisão. Dá para imaginar os números da concorrência quais eram. Um ponto, em um domingo no horário nobre, era motivo de comemoração. Mas o programa teve de acabar por falta de patrocínio. Pena!

Nesse tempo também fui presidente da Federação Paulista de Squash;

diretor da Federação das Indústrias do Estado de São Paulo (Fiesp), cargo que meu pai tinha ocupado por anos; presidente do Sindicato da Alimentação de São Paulo e Região; e assinava uma coluna em um jornal local supermoderno e de grande prestígio. Até que apareceu a franquia de um dos mais badalados restaurantes de Nova York na minha vida.

BASTIDORES *A história do tal restaurante começou assim: dois amigos, um arquiteto americano e o outro um superchef de cozinha italiano, estavam velejando quando se viram à deriva em um dia gelado, ventos fortes, mar agitado por ondas enormes. Para espantar o medo e passar o tempo, os dois ficaram imaginando como seria a pizza mais perfeita do mundo e o que fariam se saíssem vivos daquela situação dramática. Sobreviveram, claro, senão essa história e esse restaurante não existiriam. Depois de o arquiteto ter desenhado o forno perfeito e o ambiente acolhedor, o cozinheiro criou o que consideraram a melhor pizza do mundo, além de um delicioso menu de massas, burratas e bruschettas. O sucesso foi imediato, tanto para o paladar dos americanos quanto para o dos turistas, que queriam conhecer a nova casa que abria suas portas em 1995. E como uma coisa leva a outra, abriram outras casas em outros bairros em Nova York e depois levaram sua pizza para outros estados americanos e se aventuraram pelo mundo. Até desembarcarem em São Paulo.*

Quando Felipe entrou como sócio, com alguns amigos, da franquia do tal restaurante que seria aberto em São Paulo, me convidaram para fazer parte da sociedade. Eu seria uma espécie de relações-públicas, por causa da minha network. Como conheço muita gente e faço amizade com facilidade, meu papel era levar gente bacana para almoçar ou jantar na versão brasileira, idêntica e tão deliciosa quanto a matriz americana, e conseguir mídia para atrair outras pessoas que não conheciam o lugar. A casa vivia lotada, tinha fila de espera e fez um sucesso imenso e imediato. Cuidar de um restaurante não é tarefa fácil, dá um baita trabalho, mesmo que não seja você que está pilotando o fogão ou comandando o salão. Depois de um tempo e de uma experiência incrível (que só enriqueceu meu variado currículo e saciou um pouco a minha eterna curiosidade), decidimos sair da sociedade.

O novo passo: abrir uma pequena loja das sandálias "que não têm cheiro e não soltam as tiras" no maior shopping de São Paulo. Eu não entendia por que o melhor shopping de São Paulo não tinha uma loja da marca mais famosa do Brasil. Mas eles não pensavam assim e minha proposta caiu no vácuo.

BASTIDORES *As sandálias em questão surgiram em 1962 e eram baseadas num modelo japonês chamado Zori, duas tiras de tecido e solado de palha, só que a versão* made in Brazil *foi feita de borracha, era levada de cidade em cidade e vendia como água. No começo de sua longa vida era o calçado do brasileiro de baixa renda, aparecia com tiras de cores básicas, solado branco casa de abelha, a sola na cor das tiras e só. Durante décadas elas se mantiveram iguais, nem eram introduzidas novas cores de tiras – afinal elas se vendiam sozinhas. Lá pelos anos 1990 a coisa começou a mudar. A empresa fabricante das sandálias percebeu que, além de calçar os pés dos trabalhadores, elas tinham migrado para os dos formadores de opinião. Tinham se tornado* cult. *A partir daí surgiram novos modelos, sandálias coloridas, estampadas, o estilista francês Jean-Paul Gaultier lançou seu modelo, anos mais tarde foi a vez de Missoni estampar seu solado. Para o réveillon de 2000 foram criadas tiras que brilhavam no escuro, e os chinelos de dedo que deixavam os estrangeiros loucos passaram a ser exportados. Arrisco-me a dizer que eles podem ser encontrados não apenas do Oiapoque ao Chuí, mas nos cinco continentes.*

Felipe achava impossível que um shopping center bacana quisesse comercializar um produto popular. Por um lado ele tinha razão, por outro talvez eu tenha me precipitado e tido a ideia antes do tempo, já que hoje essas lojas estão espalhadas em todos os shoppings.

Ele me sugeriu uma ideia genial: usar o espaço mal aproveitado das estações do metrô de São Paulo e abrir uma loja ali, seguindo a trilha de uma famosa loja de departamentos japonesa que espalhou lojas pelas estações de trem e metrô de Tóquio. Gostei da sugestão e imediatamente procurei os diretores de marketing das duas empresas – ambos adoraram a inovação. A quantidade de gente que circula pelo metrô é imensa, coisa de 7,5 milhões de passageiros por dia, segundo a Companhia do Metropolitano de São Paulo. Se uma pequena parcela desse público comprasse um par de sandálias, para todos nós seria uma maravilha. Depois de muito estudo de como deveria ser esse espaço, como seria a venda, a chegada das mercadorias etc., decidimos fazer um teste na estação Sé do metrô, que foi um sucesso. A partir daí nos instalamos em oito estações e temos outras boas possibilidades pela frente. Fomos os primeiros a utilizar as estações do metrô como ponto comercial no Brasil. Tornamo-nos os maiores vendedores das tais sandálias por metro quadrado. A marca é tão forte que nossas lojas viraram ponto de referência para encontros de quem usa o metrô.

ENQUANTO ISSO... Como já devo ter falado, sou louco por televisão. Adoro. Na minha casa ela fica ligada em tempo integral. No fim daquele ano, logo depois do Natal, assisti estarrecido a outra cena de filme de terror, que também acontecia na vida real, na minha frente, só que agora, em vez de aviões derrubando edifícios, foi a natureza que se enfureceu. Um tremor de terra provocado por um terremoto submarino foi seguido por um tsunami, uma onda de 10 metros de altura que lambeu com violência a ilha de Sumatra, na Indonésia, destruindo tudo que encontrou pela frente, invadiu o Oceano Índico e destruiu zonas costeiras na Tanzânia, Somália e Quênia, no continente africano. O abalo teve uma magnitude sísmica de 9,1 na escala Richter, o que é uma barbaridade, foi considerado o mais violento desde 1960, e deixou um saldo de mais de 220 mil vítimas. O que vi acontecer era tão chocante que a princípio achei que era algum *trailer* de cinema catástrofe, mas não era. Além dessa tragédia natural e várias outras de menores proporções, católico que sou, fiquei triste com a morte do papa João Paulo II, um grande papa, que foi substituído por Bento XVI, que acabou renunciando ao maior posto da Igreja e foi substituído pelo papa Francisco. Economicamente falando, vivemos anos de relativa estabilidade até 2007, quando a crise imobiliária americana desestabilizou a economia mundial. E quem achava que a marolinha do presidente Lula não atingiria o Brasil vivia em outro planeta. O país se aguentou por alguns poucos anos e a marolinha se transformou em um maremoto de grandes proporções. Sem estofo para enfrentar uma crise daquela proporção, o país foi indo à deriva, os escândalos de corrupção começaram a vir a público (quem não se lembra do Mensalão?) e o segundo mandato do presidente que se vangloriava de não ter estudado foi indo ladeira abaixo. O Brasil, que em algum momento da década foi considerado a bola da vez, com empresas estrangeiras querendo se instalar por aqui, perdeu a chance de aproveitar o bom momento para fazer do Brasil um "país" no sentido estrito do conceito (com educação, saúde, segurança, infraestrutura etc.). A partir de então, as coisas nunca mais foram as mesmas no nosso maravilhoso país verde e amarelo.

– *Capítulo 18* –

Que super-herói, que nada!

Se quando eu era criança minha família fez de tudo para que eu deixasse de ser o super-herói, só que ao contrário, corrigindo minha futura corcunda, meu peito de pomba e meus pés chatos, depois de velho estraguei tudo o que consegui fazer com meu corpo, com excessos cometidos por quem se acha o homem biônico.

Por motivos óbvios, tenho um pé atrás com a palavra "doença", e não é que tomei três sustos (fora alguns sustinhos) que me deixaram bem abalado? No entanto, como continuava a ser aquele dois em um do começo desta história, fiquei mal, mas não deixei a peteca cair.

• Houve o problema na próstata que já contei. É preciso ser muito macho para ficar sentado diante do urologista e ouvir dele: "Você tem um problema na próstata, ainda bem que pegamos no começo, precisamos operar". É uma prova de fogo; a cabeça vai a mil e as fantasias mais escabrosas passam pela sua mente. O médico fica falando, falando, explicando um monte de coisas e você não presta a menor atenção, fica só imaginando que a festa acabou, que sua porção garanhão (desculpe o machismo da frase) está ameaçada. Como eu poderia, com meu brinquedo avariado, seduzir e conquistar uma linda mulher, que é o jogo que mais me dá prazer? No começo foi bem difícil, deve ser para qualquer homem que passa por essa situação, mas depois de seis meses, como o médico tinha dito, tudo voltou ao normal. Ufa! E eu pude entrar em campo de novo. Como não sou de ficar quieto, logo informei nas redes sociais o que estava acontecendo comigo e postei uma foto minha no hospital, no dia seguinte ao da operação. Meu médico reprovou, disse que não havia necessidade de me expor daquele jeito. Mas eu sou assim. E "tudo bem quando termina bem", como o título da peça de William Shakespeare (essa me sopraram, não sou tão erudito assim...).

• Esse outro perrengue já foi bem mais complicado de lidar, mesmo que o câncer de próstata pudesse mexer com minha masculinidade. Sempre joguei squash, sete dias por semana, durante décadas. Um dia me cansei daquele bate-rebate a bola do adversário tendo a parede como parceira, acho que estava meio de bode de tudo, e resolvi parar. Fiquei três meses sem jogar ou malhar (talvez quisesse ficar velho e barrigudo – manter um corpo em ordem e saudável praticando esporte cansa, e, mesmo que a gente adore, dá um baita trabalho) –, até que senti vontade de voltar à ativa e achei uma boa voltar às quadras, só que jogando tênis. Marquei aulas com uma professora fera do clube, com quem jogava três vezes por semana, e nos outros quatro jogava com algum amigo. Eu achava que o tênis era mais light que o squash, e, como era um esportista, eu iria tirar de letra. Engano meu. No tênis você trabalha outras cadeias musculares, outra velocidade, faz paradas bruscas, usa muito o braço, e o corpo não aguenta passar pelo menos uma hora e meia na quadra, todo santo dia. Dois anos depois minha patela (o novo nome da rótula) espatifou – eu tinha destruído a cartilagem do joelho com tanto esporte e tanta vontade de me superar.

Entrei na faca – artroscopia com um megaortopedista especializado em esporte –, fiquei um mês de molho, fiz muita fisioterapia e ouvi a seguinte recomendação: "Por que você não diminui o ritmo?". Passei a jogar cinco vezes por semana... Não ia dar meu braço a torcer para a idade. Burrice minha, claro!

Passei por três cirurgias, sendo a quarta enquanto escrevia este livro. Fiquei muito puto comigo mesmo, sem saber se poderia ou não voltar às quadras. Terminando o livro e depois de um mês e meio, o médico me liberou para jogar. Felicidade total. Pretendo jogar três vezes por semana, como fazia, fora as aulas que dou para a garotada de Barueri. Costumo dizer que quero morrer numa quadra de tênis ou fazendo sexo...

- Essa história é assustadora e se passou entre as muitas cirurgias no joelho. Um dia comecei a sentir o braço. Tinha epicondilite lateral e tendinite. Fiz tudo que podia para proteger meu cotovelo, desde trocar de raquete por uma mais leve a usar protetor de impacto no antebraço. Nada. Procurei um especialista, professor doutor de faculdade etc., que me mandou tomar um remédio no café da manhã. Tomei, fui trabalhar e comecei a enxergar embaçado e a sentir um sono absurdo. Telefonei para o médico, contei o que estava sentindo e fiquei sabendo que ele tinha me receitado um ansiolítico (talvez nesse momento eu devesse ter pulado fora e me livrado da encrenca que viria pela frente). Ele suspendeu a medicação, me recomendou infiltrações, e nada de melhorar. Entrei na faca e o diagnóstico era: meu cotovelo estava gasto e inflamado (além do joelho, tinha ferrado o cotovelo por causa dos meus excessos). Acordei engessado, sem sentir o braço (o doutor dizia que era normal – segundo aviso para eu trocar de médico), passaram-se alguns dias, recebi alta, trocava o curativo e ficava de tipoia, como ele tinha me mandado, até que dez dias depois acordei com uma dor absurda. Meu braço estava todo inflamado. Voltei ao médico, fiz novo curativo, drenagem, nova inflamação, novo curativo, nova cirurgia... Segundo o professor doutor, eu estava curado, mas... tinha pegado uma infecção hospitalar. Comecei a ficar bravo (um pouco tarde!). Tinha sido operado três vezes e tinha uma infecção atrás da outra – o que estava acontecendo em um dos melhores hospitais do Brasil e com um ortopedista cheio de diplomas? Logo que acordei, o médico entrou no quarto, acompanhado por outros dois (que depois fiquei sabendo que eram infectologistas), e nem o deixei falar. Tive um ataque de fúria, aos gritos enxotei o médico e seus colegas do quarto e fiquei com a paciência do meu lado Carlos tentando me acalmar. A única coisa que eu sabia era que aquele professor doutor cinco estrelas eu não queria ver pintado na minha frente. Eu tinha feito tudo o que o fdp tinha me mandado fazer e nada! Erro grosseiro, falta de atenção e cuidado. Estava desesperado. Liguei para um cunhado que me indicou outro especialista, que por acaso estava no hospital naquele momento, veio me examinar e a partir de então minha vida mudou. Ele era fantástico. Percebendo a seriedade do caso, chamou uma equipe de bambambãs que confirmaram que o meu caso era seríssimo. Fomos juntos a um laboratório para fazer exames, e quando ele me disse que eu teria de fazer uma quarta cirurgia entrei em pânico e comecei a chorar. Eu não me conformava com o que tinha feito comigo mesmo, não só por causa dos meus excessos, mas ao tomar a decisão (errada) de não me informar antes de consultar o tal professor doutor. Eu corria o risco de perder o braço e chorava de pena e raiva de mim mesmo. Voltei para o centro cirúrgico, dessa vez em outro hospital, igualmente estrelado, e, como estava de saco cheio de obedecer a ordens, me rebelei (a meu ver fui um rebelde com causa) e não fiz nada do que me mandaram: não pus aquela touquinha horrorosa, nem o sapatinho de papel, só vesti aquela bata ridícula que deixa a gente com a bunda de fora, não tomei sossega-leão no quarto e cheguei acordado à sala de cirurgia (só não fui andando porque é proibido). E tudo isso esbravejando com minha delicada voz de trovão que ressoava por todo o hospital. Deitado na maca, soube que poderia perder o cotovelo e que, se isso acontecesse, dois anos mais tarde eu colocaria uma prótese e ficaria bem, mas que ele, o cirurgião, faria de tudo para que isso não acontecesse. E ele fez. Meu novo doutor especialista salvou meu braço, meu cotovelo, minha vida e minha autoestima (imagine eu, vaidoso como sou, perder o braço?). Fiquei de molho em casa assistindo aos jogos olímpicos na televisão e tomando antibiótico na veia. Tive um tratamento mais do que vip, meu superespecialista vinha me fazer curativos em casa (um luxo) e fiquei bom. Depois de um tempo de fisioterapia, estava novo em folha e voltei a jogar tênis. Tive de me render ao fato de que o corpo não aguenta tanto desaforo, não importa a idade; basta lembrar-se do que aconteceu com o maior tenista brasileiro, que tinha metade da minha idade e o dobro do meu preparo. Esse foi um dos momentos mais difíceis que passei na vida. Meu lado Carlos foi fundamental para que eu segurasse a onda nesses mais de quatro meses (eu era capaz de matar alguém) em que fiquei de molho. Tentei processar o professor doutor estrelado, mas a burocracia era tamanha que desisti. Não valia a pena. O que importava agora era que eu tinha meus dois braços, podia praticar meu esporte e, como dizem no futebol de várzea, "bola pro mato que é jogo de campeonato". Passei a jogar menos, três vezes por semana. Agora, depois de ter feito a quarta cirurgia no joelho, fui liberado para voltar a jogar. Na próxima talvez eu deva procurar um esporte de menos impacto e que me dê prazer: posso jogar pebolim ou talvez videogame...

Como toda pessoa "comum", tenho um monte de histórias para contar (mas não sou nenhum grande contador de casos). Algumas delas em que foi preciso coragem para que o Carlos e o Carlito seguissem em frente. Outras passaram como nuvens pela minha vida. Em alguns dias choveu, noutros bateu sol. E assim eu vou seguindo em frente, fazendo apostas certas ou erradas, sempre tentando superar meus limites pessoais, profissionais e físicos ("cuidado, garoto! Você não é nenhum menino", diria o Carlos, quando ferrei o joelho pela quarta vez em uma partida de tênis), tropeçando e me levantando quantas vezes forem necessárias.

•••

ENQUANTO ISSO... A vida e as coisas estão mudando rápido e procuro me adaptar a elas. Sou do tempo em que o telefone era aquele preto de disco, que fazia "troc, troc" a cada número discado e a campainha era um trim inesquecível, que alguns celulares têm em seu menu. Nas cidades do interior o telefone era uma grande caixa vertical de madeira, que se pendurava na parede, com um bocal e uma manivela, e quem completava a ligação era a telefonista. Mesmo tendo sido inaugurada em 1951, a televisão demorou a chegar às casas das pessoas, até porque os aparelhos eram caros, um trambolho que ficava dentro de um móvel e era colocado na sala como sinal de status, e a programação tinha hora para começar e acabar. No início, as transmissões eram em preto e branco e existia apenas um canal, até que foram surgindo outros, e por muito tempo foram poucos os canais disponíveis. A correspondência era trocada por carta, enviada via correio, e levava uma eternidade para ir e voltar. Sou do tempo da vitrola (toca-discos), dos *longplays* e compactos (discos que tocavam música dos dois lados e antecederam os

CDs), nos escritórios o taque-taque das teclas das máquinas de escrever era ensurdecedor. O tempo foi passando, chegou o fax, depois vieram os avanços da informática, os computadores pessoais, os telefones celulares, hoje smartphones, e os aparelhos foram diminuindo de tamanho e ficando mais inteligentes, e assim a minha geração, que se criou fechada sob os rigores do regime militar, foi se adaptando à nova realidade.

•••

A dois anos da chegada da década de 2020 (quem de nós, com mais de 30 anos, não imaginou onde estaria no ano 2020?), como os Jetsons, já falamos com o outro lado do mundo olhando para a pessoa na tela, mas a empregada não é um robô chamado Rosinha, ainda não voamos em espaçonaves, mas logo mais os carros não terão mais motoristas, serão dirigidos por computador, a Internet das Coisas vai tomar conta de nossas vidas (nem vou entrar nesse mérito porque não entendo bem o que é isso), assim como a Inteligência Artificial é uma realidade. Ainda bem que, como nos filmes de ficção científica, não lutamos com nossas naves espaciais contra invasores que querem destruir o planeta (isso nós mesmos estamos nos encarregando de fazer, diria meu filho, Felipe).

Acredito em finais felizes, porque depois do *the end* ainda sobra muita vida para ser vivida e curtida – sim, sou um otimista profissional. E sabe-se lá que surpresas o vento ainda vai me trazer!

MATRIX